APENAS OUÇA

MARK GOULSTON

APENAS OUÇA

Descubra o segredo de
se fazer compreender
por absolutamente
qualquer pessoa

Prefácio
Keith Ferrazzi

Tradução
Eni Rodrigues

SÃO PAULO, 2021

Apenas ouça: descubra o segredo de se fazer compreender por qualquer pessoa
Just Listen: Discover the Secret to Getting Through to Absolutely Anyone

Copyright © 2010 by Mark Gouslton
Published by arrangement with HarperCollins Leadership, a division of HarperCollins Focus, LLC
Copyright © 2021 by Novo Século Editora Ltda.
All rights reserved.

EDITOR: Luiz Vasconcelos
COORDENAÇÃO EDITORIAL: Nair Ferraz
TRADUÇÃO: Eni Rodrigues
PREPARAÇÃO: Flávia Cristina de Araujo
REVISÃO: Iracy Borges
DIAGRAMAÇÃO: João Paulo Putini
CAPA: Bruna Casaroti

Texto de acordo com as normas do Novo Acordo Ortográfico da Língua Portuguesa (1990), em vigor desde 1º de janeiro de 2009.

Dados Internacionais de Catalogação na Publicação (CIP)

Goulston, Mark
   Apenas ouça: descubra o segredo de se fazer compreender por absolutamente qualquer pessoa / Mark Goulston; prefácio de Keith Ferrazzi; tradução de Eni Rodrigues. -- Barueri, SP: Figurati, 2021.

   Título original: Just listen: discover the secret to getting through to absolutely anyone

   1. Comunicação interpessoal 2. Desenvolvimento pessoal 3. Sucesso I. Título II. Ferrazzi, Keith III. Rodrigues, Eni

20-2354   CDD-650.13

Índice para catálogo sistemático:
   1. Desenvolvimento pessoal e sucesso nos negócios 650.13

Alameda Araguaia, 2190 – Bloco A – 11º andar – Conjunto 1111
CEP 06455-000 – Alphaville Industrial, Barueri – SP – Brasil
Tel.: (11) 3699-7107
www.gruponovoseculo.com.br
atendimento@gruponovoseculo.com.br

Para Warren Bennis, mentor, amigo e inspirador, que me ensinou que quando "ouvimos profundamente" e compreendemos e nos importamos com o que as pessoas estão querendo dizer, é bastante provável que elas nos deixem conduzi-las aonde queremos chegar.

Em memória

"Se você realmente ouvir as pessoas, a mágoa, o medo e a dor ou as esperanças e os sonhos quase sempre estarão presentes. E quando o outro percebe que você o está ouvindo e *sentindo*, ele baixa a guarda e se abre de corpo e alma."

– *Edwin Shneidman, pioneiro no campo da prevenção do suicídio, fundador do Los Angeles Suicide Prevention Center, e meu mentor querido*

E aos leitores, que eu possa passar essas importantes lições para vocês.

SUMÁRIO

Prefácio de Keith Ferrazzi 11

Agradecimentos 13

PARTE I O SEGREDO PARA IMPACTAR QUALQUER PESSOA

1 Quem está mantendo *você* como refém? 19
O ciclo de persuasão 23
O segredo: se fazer compreender é simples 26

2 Um pouco de ciência: como o cérebro muda de "não" para "sim" 30
O cérebro trino 31
O sequestro da amígdala e a morte do pensamento racional 32
Neurônios-espelho 34
Da teoria à prática 39

PARTE II AS NOVE REGRAS PARA IMPACTAR QUALQUER PESSOA

3 Mova-se de "Oh, p#@% para o OK" 43
Compreenda a si mesmo primeiro 44
Velocidade é tudo 45
O processo do "Oh, p#@% para o OK" 46
O poder do "Oh, p#@%" 47
O treino de velocidade do "Oh, p#@% para o OK" 48

4 Reconecte-se com o ouvir 52
"Mas eu OUÇO... Ou não?" 54
Quão bem você conhece as pessoas? 57

5 Faça com que a outra pessoa "sinta-se vista" 61
Por que "sentir-se visto" muda as pessoas? 64
Os passos para fazer com que a outra pessoa "sinta-se vista" 67

6 Seja mais interessado do que interessante 71
O idiota "interessante" 73
Não aja como se estivesse interessado – *esteja* interessado 75

7 Faça as pessoas se sentirem valiosas 81

8 Ajude as pessoas a respirarem emocional e mentalmente 86
Afastando a pessoa da angústia 87
Orientando a pessoa a respirar 89

9 Descubra a sua dissonância 95
Os perigos da dissonância corporativa 101
Quando não puder evitar a dissonância, antecipe-a 104

10 Quando parecer que tudo está perdido, mostre seu ponto fraco 107
Mostre a eles seu ponto fraco e eles vão querer fazer o mesmo 110

11 Evite pessoas tóxicas 114
Pessoas carentes 115
Intimidadores 119
Aproveitadores 122
Narcisistas 123
Psicopatas 125
Consultando o espelho: quem é o problema? 127

PARTE III **12 FORMAS RÁPIDAS E FÁCEIS DE OBTER A ADESÃO E DE SE FAZER COMPREENDER**

12 A questão da impossibilidade 133

13 O paradoxo mágico 138
A cascata do "sim" 139
O movimento para ganhar confiança 142

14 O choque de empatia 145
Como funciona 148

Quando usar o choque de empatia 149
O poder da analogia 151

15 O jogo reverso (Choque de empatia II) 155

16 "Você realmente acredita nisso?" 161

17 O poder do "Hummm..." 165

18 A estratégia da estipulação 174

19 Da transação para a transformação 180
Negociação *versus* relacionamento 181
Que pergunta faria você olhar para cima? 186

20 Lado a lado 188

21 Preencha os espaços em branco 195

22 Não pare até receber um "não" 201

23 O Poderoso Obrigado e o Poderoso Pedido de Desculpas 206
"Obrigado" *versus* o "Poderoso Obrigado" 207
O Poderoso Pedido de Desculpas 209

PARTE IV **JUNTANDO TUDO: CORREÇÕES RÁPIDAS PARA SETE SITUAÇÕES DESAFIADORAS**

24 Uma equipe infernal 215
1. Mantenha Jonas satisfeito 217
2. Faça com que Dirk sinta-se necessário 217
3. Faça Linda se sentir importante 218
4. Revele o pensamento secreto de Sherry 219

25 Subindo as escadas 221

26 **Negociar com um narcisista** 224

27 **Um estranho na cidade** 228
O estágio da visibilidade 229
O estágio da credibilidade 230
O estágio da rentabilidade 230

28 **A explosão humana** 232
Estágio 1 233
Estágio 2 234

29 **Compreendendo a si mesmo** 237

30 **Seis graus de separação** 244
Crie situações peculiares 244
Faça aliados virtuais 245
Toque os guardiões 247

Posfácio 251

Sobre o autor 253

PREFÁCIO

Gerentes, CEOs e vendedores frequentemente me dizem: "Conversar com fulano é como tentar falar com uma porta".

Quando ouço essas palavras, eu respondo: "Pare de falar com a porta e encontre a chave para abri-la". Encontre a chave – o que a outra pessoa realmente precisa de você – e poderá derrubar as barreiras e se conectar com as pessoas de uma maneira que você nunca imaginou.

Isso me leva ao meu colega e amigo Mark Goulston. Mark tem uma habilidade quase mágica de impactar qualquer pessoa – CEOs corporativos, gerentes, clientes, pacientes, familiares em conflito e mesmo sequestradores – porque ele sempre encontra a chave para abrir essa porta. Ele é um gênio em acessar pessoas inacessíveis e, neste livro, você descobrirá como ele faz isso.

Conheci Mark por meio de seus livros *Get Out of Your Own Way* [Saia do seu próprio caminho] e *Pare de se sabotar no trabalho*. Fiquei tão impressionado com seus livros, seu trabalho e, o mais importante, com o próprio Mark, que eu o persegui e agora somos parceiros de negócios. Ele é um dos líderes de criação da Ferrazzi Greenlight e um conselheiro de confiança para mim. Depois de vê-lo trabalhar, posso lhe contar o motivo pelo qual todos, do FBI a Oprah, ficam atentos quando ele fala em se conectar com pessoas: suas técnicas, por mais simples que pareçam, *realmente funcionam.*

Ah, e não fique intimidado por Mark ser um psiquiatra. Ele também é um dos melhores comunicadores empresariais que já encontrei. Coloque-o em um escritório onde todos estejam em conflito, a equipe de vendas não consiga fazer com que os clientes comprem ou a motivação e a produtividade estejam em queda, e ele resolverá o problema rapidamente, de uma maneira vantajosa em que todos acabam ganhando.

Se for esse o tipo de sucesso que você quer alcançar, não encontrará melhor guia do que Mark. Ele é brilhante, engraçado, gentil e inspirador, e faz com que em todas as suas histórias, desde hóspedes indesejados para o feriado a F. Lee Bailey, suas palavras sejam igualmente divertidas e capazes de promover mudanças de vida. Por isso, delicie-se – e depois use seu novo conjunto de habilidades para transformar as pessoas "impossíveis" e "inatingíveis" de sua vida em aliados, clientes fiéis, colegas leais e amigos para a vida inteira.

Keith Ferrazzi
Autor dos livros *Nunca Almoce Sozinho*
e *Who's Got Your Back* [Quem o protegeu]

AGRADECIMENTOS

De todos os meus livros, este é o que me deixa mais orgulhoso e entusiasmado. No entanto, se ele for bem-sucedido, será apenas pela contribuição e pelo apoio de muitas pessoas inteligentes, atenciosas, amorosas, críticas e generosas.

Antes de qualquer coisa, agradeço aos meus leitores, pacientes e clientes, que me confiaram suas esperanças e medos, externos e internos, e que me permitiram transmitir a vocês o que aprendi ao ajudá-los.

Sou grato a Bill Gladstone e a Ming Russell, meus solidários e inabaláveis agentes da Waterside Productions, por suas contribuições e orientações e por baterem de frente comigo quando cedi à tendência de me sabotar. Também preciso agradecer a Ellen Kadin, editora executiva na Amacom Books, por seu amor pelo projeto e bom senso de me alertar quando eu estava me desviando do caminho de oferecer aos meus leitores o que havia prometido. As ferramentas mais úteis e de uso mais imediato que podem ser obtidas neste livro devem-se, em grande parte, à capacidade de Ellen como o leme para esta viagem. Também sou grato a Alison Blake, cuja contribuição ajudou a tornar minha mensagem mais clara, e ao meu ex-editor John Duff, da Penguin Putnam, que sempre me apoiou.

Meu muito obrigado aos meus amigos íntimos e especialistas em relações públicas – Tom Brennan, Pam Golum, Cherie Kerr, Annie Jennings e Paxton Quigley. Sou muito grato a Lynne Johnson da *Fast Company*, que divulga minha coluna "Leading Edge" e blogs; Marco Buscaglia do Tribune Media Services, que gerencia minha coluna "Solve Anything with Dr. Mark" [Resolva qualquer coisa com o dr. Mark]; e a Arianna Huffington (*Huffington Post*), Matt Edelman (peoplejam), Kelly Ja'don (Basil and Spice) e Marisa Porto (Divorce360) por apresentarem meus blogs e conteúdo.

Sou muito grato também a Keith Ferrazzi, John Kelly, Jeff Kaplan, Jim Hannon, Peter Winick, Kellee Johnson, Bo Manning, Chris Tuffli e outros que conheci e com os quais continuo a trabalhar no Ferrazzi Greenlight, em Los Angeles. Originalmente, Keith queria dar a seu best-seller, o *Nunca Almoce Sozinho*, um título diferente, *You Can't Get There Alone* [Você não pode chegar lá sozinho]. Cara, isso é tão verdade! E seu livro mais recente, *Who's Got Your Back* [Quem o protegeu], reforça a importância de encontrar pessoas que nos animem, nos digam a verdade e que chutem nosso traseiro (quando necessário).

Por causa da influência desses indivíduos, eu me abri para um mundo de pessoas que me ofereceram sua ajuda. Uma referência especial a Martin Addison (Video Arts); Tony Baxter (Disney); Lee Canter; Jason Calacanis (Mahalo); Chris Coffey, Stephen Denning, Marty Edelston e Marjory Abrams (Boardroom); Paul e Sarah Edwards, Bronwyn Fryer (*Harvard Business Review*); Dave Fuller (Costco Connection); Michael Gervais (Pinnacle Performer); Taavo Godtfredsen (Skillsoft); Katalina Groh (Groh Productions); Shawn Hunter (Skillsoft); Linda Kane (Bank of New York Mellon); Dave Logan (*Tribal Leadership*); Marty Nemko (NPR); Stacy Phillips (Phillips, Lerner, Lauzon e Jamra); Billy Pittard (Lynda.com); Tony Robbins; David Rock (*Neuroleadership*); Karen Salmansohn (*Bounce Back*); Heather Shea Schultz; Edwin Shneidman (UCLA); Leo Tilman (*Financial Darwinism*); Rebecca Torrey (Manatt); Josh "Bobby Fisher" Waitzkin; e Peter Whybrow (UCLA).

Agradecimentos aos líderes cujo recurso mais valioso é seu tempo, mas que ainda assim reservaram tempo para conversar comigo: Scott Adelson (Houlihan Lokey); Sharon Allen (Deloitte); Angela Braley (Wellpoint); Jeffrey Berg (ICM); Mike Critelli (Pitney Bowes); Bob Eckert (Mattel); Werner Erhard; Jonathan Fielding (L.A. County Public Health); Jim Freedman (Barrington Associates); Bill George (ex-CEO da Medtronic and Harvard Business School); Marshall Goldsmith; Jim Goodnight (SAS); Peter Guber (Mandalay); Mark Victor Hansen (Chicken Soup); Frances Hesselbein (Leader to Leader Institute); Leonard Kleinrock (UCLA); Mike Leven (Georgia Aquarium); Jim

Mazzo (Advanced Medical Optics); Ivan Misner (BNI); Omar Noorzad (Tri-Cities Regional Center); Tom O'Toole (Hyatt); Bill Quicksilver (Manatt); Carla Sanger (LA's Best); Scott Scherr (Ultimate Software); Jim Sinegal (Costco); Sir Martin Sorrell (WPP); Bob Sutton (Stanford); Larry Thomas (Guitar Center); Raymond Tye (United Liquors); William Ury (Harvard); David Wan (Harvard Business Publications); e Duane Wall (White & Case).

Meu profundo apreço e gratidão a minha amorosa e solidária família – minha esposa Lisa e filhos Lauren, Emily e Billy –, que são uma garantia infinita para impedir que eu me leve a sério demais, e para minha mãe Ruth e meus irmãos Noel e Robert e suas famílias, por seu amor e confiança permanentes.

E, finalmente, um Poderoso Obrigado às seguintes pessoas, vivas ou falecidas, cujo apoio constante nas últimas décadas tem sido essencial ao meu aprendizado e sucesso: David Ackert, Sandy Archer, Rosanne Badowski, Joel Bagelman, Monica Ballard, Stan Barkey, Loretta Barrett, Jordon Bender, Hal Bergman, Davis Blaine, David Booth, Larry Braun, Eric Bruck, Shel Brucker, Jon Campbell, Stan Deakin, Susan Diamond, Kathy Doheny, Jim Dorsey, Albert Dorskind, Steven Drimmer, John Duff, Geoffrey Dunbar, Neil Elmouchi, David e Gail Fogelson, John Fox, Sandy Fox, Ken e Verena Florence, Lynn Franklin, Peter Frost, Gary Garbowitz, Larry Gerber, Selwyn Gerber, Harry Glazer, Roger Goff, Philip Goldberg, Cathy Greenberg, Gordon Gregory, Kevin Gregson, Arlen Gunner, Holly Gustlin, Cyrus Hekmat, Bruce Heller, Brian Hemsworth, Patrick Henry, Cheryl Hodgson, Paul Hynes, Grace Jamra, Annie Jennings, Marty Josephson, Preston Johnson, Joel Kabaker, Brian Katz, Jim Kennedy, Nancy Kent, Jeff Kichaven, John King, Brian Kurtz, Tracy Kwiker, Peter Lauzon, Mark Lefko, David Lerman, Mark Lerner, David LeVrier, Lisa Ling, Mark Lipis, Andy Ludlum, James Ludwick, Chris Malberg, Stephen Malley, Vicki Martin, Ken McLeod, William McNary, Frank Melton, Steve Mindel, Rebecca Nassi, Michael Parker, Kimberly Pease, Stacy Phillips, Martin Pichinson, Karen Pointer, Ken Potalivo, Scott Regberg, Tim Reuben, Mark Risley, Terri Robinson,

Deborah Rodney, Patricia Romaine, Ivan Rosenberg, Lee Ryan, Millicent Sanchez, Myer Sankary, Suzana Santos, Gail Schaper-Gordon, Morrie Schectman, Greg Seal, Deborah Shames, Bill Sherman, Mark e Mia Silverman, Stan Stahl, Robert Strauss, Ron Supancic, Eric Taub, Tony Trupiano, Tom Tyrrell, Monica Urquidi, Marcia Wasserman, Bob Weinberg, Patricia Wheeler, Ward Wieman, Joel Weinstein e Halee Fischer-Wright.

Parte I

O SEGREDO PARA IMPACTAR QUALQUER PESSOA

Alguns sortudos parecem ter um toque mágico quando se trata de fazer com que as pessoas sigam seus planos, objetivos e desejos. Mas, de fato, impactar pessoas não é mágica. É uma arte... e uma ciência. E é mais fácil do que você pensa.

1. QUEM ESTÁ MANTENDO VOCÊ COMO REFÉM?

"Boa gestão é a arte de tornar os problemas tão interessantes e suas soluções tão construtivas que todos vão querer trabalhar e lidar com eles."
— PAUL HAWKEN, AUTOR DE *CAPITALISMO NATURAL*

Neste exato momento, há alguém na sua vida que você precisa impactar, mas não consegue. E isso está enlouquecendo você. Talvez seja alguém no trabalho: um subordinado, um membro da equipe, um cliente, seu chefe. Ou mesmo em casa: o parceiro, o pai ou mãe, um adolescente desafiador, um "ex" enfurecido.

Você já tentou tudo – lógica, persuasão, força, súplica, raiva – mas, todas as vezes, ergue-se um muro. Você fica zangado, assustado ou frustrado. E pensa: "E agora?".

Veja o que quero que você faça: encare essa situação como refém. Por quê? Porque você não pode se libertar. Está aprisionado pelo medo, resistência, hostilidade, apatia, teimosia, egocentrismo ou carência de outra pessoa – e por sua própria incapacidade de tomar medidas eficazes.

E é aí que eu entro.

Sou apenas um homem comum – marido, pai, médico – mas, há muito tempo, descobri que tinha um talento especial. Eu conseguia me conectar com as pessoas em qualquer situação. Era capaz de persuadir executivos desafiadores, funcionários irritados ou equipes de gerenciamento autodestrutivas a trabalhar de forma cooperativa em busca de soluções. Podia me fazer compreender por famílias em crise e por casais que se odiavam. Conseguia até que sequestradores e pessoas desesperadas, pensando em suicídio, mudassem de ideia.

Não sabia ao certo o que eu fazia de diferente, só sabia que funcionava. Sabia que não era mais inteligente do que a maioria, mas meu sucesso não era apenas sorte, porque o que eu fazia funcionava de modo consistente com todo tipo de pessoa e situação. Mas, *por que* funcionou?

Ao analisar meus métodos, encontrei a resposta. Acontece que eu reuni um conjunto simples e rápido de técnicas – algumas descobri por conta própria e outras aprendi com mentores e colegas – que criam uma espécie de tração. Ou seja, elas puxam as pessoas na minha direção, mesmo que elas estejam tentando se afastar.

Para compreender isso, imagine-se subindo uma montanha íngreme de carro. Os pneus escorregam, deslizam e não conseguem se firmar. Mas, se reduzir a marcha, você terá controle. É como puxar a estrada na sua direção.

A maioria das pessoas acelera quando quer se fazer entender por alguém. Elas persuadem. Atiçam. Discutem. Incitam. E, nesse processo, criam uma resistência. Ao usar as técnicas que ofereço, você fará exatamente o contrário – vai ouvir, perguntar, espelhar, refletir de volta às pessoas aquilo que ouviu delas. Com isso, elas se sentirão vistas, compreendidas e notadas – e a "redução" inesperada as atrairá para você.

As técnicas poderosas que você vai aprender neste livro podem mover pessoas de maneira rápida e fácil, geralmente em minutos, do "não" para o "sim". Eu as utilizo todos os dias para unir famílias divididas, ajudar casais em guerra a se apaixonarem novamente, salvar empresas à beira do colapso econômico, fazer com que gerentes em conflito trabalhem juntos de maneira eficaz e capacitar vendedores para realizarem vendas "impossíveis". E também para ajudar os agentes do FBI e negociadores de crises e reféns a terem êxito nas situações mais difíceis, quando vida e morte estão em jogo.

Na verdade, como você vai observar, temos muito em comum com negociadores de crises quando se trata de contatar pessoas que não querem nos ouvir. É por isso que este livro começa com a história de Frank.

Frank está sentado em seu carro, parado no estacionamento de um grande shopping, e ninguém pode se aproximar, pois ele está segurando uma espingarda contra a própria garganta. As equipes da SWAT e a dos negociadores de crises são convocadas. Os policiais se posicionam atrás de outros carros, tentando não deixar o homem agitado.

Enquanto esperam, eles completam os detalhes do cenário. Estão olhando para um homem com pouco mais de trinta anos que, há seis meses, perdeu o emprego no serviço de atendimento ao consumidor em uma grande loja de eletrônicos por gritar com clientes e colegas de trabalho. Já havia sido entrevistado para vários empregos, mas não conseguiu nenhum. E tinha sido verbalmente agressivo com sua mulher e seus dois filhos pequenos.

Um mês antes, sua esposa e filhos se mudaram para a casa dos pais dela, em outra cidade. Ela lhe disse que precisava de um tempo, e que ele deveria endireitar sua vida. Ao mesmo tempo, ele foi despejado pelo proprietário do apartamento onde moravam porque não havia pagado o aluguel. Mudou-se para um quarto simples em uma área pobre da cidade. Parou de tomar banho e de se barbear e quase não comia. A gota d'água foi a ordem de restrição que recebeu no dia anterior, o que o levou ao estacionamento do shopping.

Nesse momento, o líder nos negociadores está conversando calmamente com ele. "Frank, aqui é o tenente Evans, vou falar com você porque há outras formas de sair disso sem que seja necessário se ferir. Sei que não acredita que tem escolha, mas na verdade você tem."

Frank exclama: "Você não sabe m**** nenhuma! Você é como todo mundo. Me deixe em paz!".

O tenente responde: "Não creio que posso fazer isso. Você está aqui no meio do estacionamento de um shopping com uma arma apontada para a garganta, e eu preciso ajudá-lo a encontrar outra maneira de sair dessa situação".

"Vai se f***! Não preciso da ajuda de ninguém!", responde Frank.

E assim a conversa prossegue por uma hora, com momentos de silêncio que duram vários minutos ou mais. Quando as informações sobre Frank chegam, fica claro que ele não é má pessoa, apenas alguém bastante perturbado e com raiva. A SWAT está pronta para "removê-lo de lá" se ele ameaçar mais alguém com sua arma, mas todos, exceto Frank, querem que tudo termine pacificamente. No entanto, as chances de que isso aconteça não parecem tão boas.

Depois de uma hora e meia, outro negociador, o detetive Kramer, chega. Ele se formou em um dos grupos para os quais ministrei um treinamento para negociação de crises e reféns da polícia e do FBI.

O detetive Kramer fora informado sobre os antecedentes de Frank e do andamento das negociações, e deu uma sugestão diferente ao tenente Evans: "Quero que você diga o seguinte ao rapaz: 'Aposto que você sente que ninguém sabe como é ter tentado tudo e estar preso a uma única saída, não é verdade?'".

Evans se surpreende: "Dizer o quê?".

Kramer repete a sugestão: "Isso, vá em frente, diga a ele: 'Aposto que você sente que ninguém sabe como é ter tentado tudo e estar preso a uma única saída, não é verdade?'".

O tenente concorda e, quando repete a pergunta para Frank, ouve-o responder: "O que você disse?".

Evans repete e, desta vez, Frank concorda: "É, você está certo, ninguém sabe e ninguém dá a mínima!".

Kramer diz a Evans, "Ótimo, você recebeu um 'sim'; agora você está dentro. Vamos trabalhar em cima disso". Ele sugere uma segunda pergunta ao negociador: "Sim, e eu aposto que você acha que ninguém sabe como é começar cada dia acreditando que há mais chances de que algo dê errado do que certo, não é verdade também?".

A resposta de Frank é: "É, toda m*** de dia! É sempre a mesma coisa".

Kramer diz a Evans para repetir o que ouviu e conseguir mais uma confirmação: "E como ninguém sabe como isso é ruim e ninguém se importa, como nada dá certo e tudo dá errado, é por isso que você está no seu carro com uma arma querendo acabar com tudo. Verdade?".

"Verdade", responde Frank. Sua voz apresenta os primeiros sinais de que ele está se acalmando.

"Conte-me mais. O que exatamente aconteceu com você? Quando foi a última vez que sua vida esteve bem, e o que aconteceu então para que ela virasse um lixo?", convida Evans.

Frank começa a contar tudo o que aconteceu desde que foi demitido do trabalho.

Quando faz uma pausa, Evans diz: "Sério?... Conte mais".

O homem continua a descrever os problemas que teve. A certa altura, com a orientação de Kramer, Evans diz: "E tudo isso fez você ficar com raiva? Ou frustrado? Ou desencorajado? Ou perder a esperança? Ou exatamente o quê?". Evans espera que ele escolha a palavra que melhor se encaixa ao que sente.

Frank finalmente reconhece: "De saco cheio".

O tenente continua: "Então você ficou de saco cheio e quando recebeu a ordem de restrição chegou ao seu limite?".

"É", confirma ele. Sua voz, que antes era agressiva, está mais calma agora. Com apenas algumas frases, Frank deixou de se recusar a se comunicar e começou a ter uma conversa. O que acabou de acontecer? O passo mais crítico na persuasão – o passo que eu chamo de "adesão" – havia começado. Isso acontece quando o indivíduo para de resistir e passa a ouvir e a considerar o que está sendo dito.

E o que fez com que Frank começasse a ouvir e passasse a "aderir" ao que o tenente Evans dizia? Essa mudança não foi por acaso. O segredo está em falar as coisas que ele estava pensando, mas que não expressava. Quando as palavras do tenente corresponderam aos seus pensamentos, Frank aceitou o diálogo e começou a dizer: "Sim".

O ciclo de persuasão

Você provavelmente não enfrenta situações como as que os negociadores de crises e reféns têm de lidar. Mas, no dia a dia, quem *você* tenta convencer a fazer algo?

A resposta é: praticamente todo mundo que encontra. Quase toda comunicação é um esforço para ser compreendido pelas pessoas e conseguir que façam algo diferente do que faziam antes. Talvez você esteja tentando vender alguma coisa a elas. Talvez tentando colocar um pouco de bom senso na cabeça de alguém. Ou talvez precise impressionar pessoas, para que percebam que você é a escolha certa para um emprego, promoção ou relacionamento.

Mas aí está o desafio: todos têm suas próprias necessidades, desejos e planos. Eles têm segredos que escondem de você. Estão estressados, atarefados e muitas vezes já chegaram ao seu limite. Para lidar com o estresse e a insegurança, eles precisam erguer barricadas mentais para que seja difícil atingi-los, mesmo que compartilhem seus objetivos com você e, se são hostis, isso se torna praticamente impossível.

Aproxime-se dessas pessoas armado apenas de razão e fatos, ou recorra a discussões, provocações ou súplicas e espere se fazer entender – isso dificilmente acontecerá. Em vez disso, você será nocauteado e nunca saberá o porquê. (Quantas vezes você saiu de uma demonstração de vendas, reunião no escritório ou discussão com seu parceiro ou filho balançando a cabeça e dizendo: "O que diabos acabou de acontecer?").

A boa notícia é que você *pode* se fazer compreender simplesmente mudando sua abordagem. As técnicas que descrevo neste livro funcionam para negociadores de crises e reféns nas mais desesperadas situações, e são igualmente poderosas se você estiver tentando acessar um chefe, colega de trabalho, cliente, amante, ou mesmo um adolescente revoltado. São fáceis, rápidas, e você pode ser muito bem-sucedido com elas.

Por abordarem o cerne da comunicação eficaz, ao que chamo de "Ciclo de Persuasão" (veja a Figura 1-1), elas são poderosas. Ao desenvolver o Ciclo de Persuasão, fui inspirado pelo trabalho e pelas ideias inovadores de James Prochaska e Carlo DiClemente em seu *Modelo Transteórico de Mudança* e por William R. Miller e Stephen Rollnick em sua criação de *Entrevista Motivacional*.

Toda persuasão se move por meio dos passos deste ciclo. Para conduzir as pessoas do início ao fim do Ciclo de Persuasão, você precisa falar com elas de uma forma que as mova:

- De *resistir* para *ouvir*
- De *ouvir* para *considerar*
- De *considerar* para *querer fazer*
- De *querer fazer* para *fazer*
- De *fazer* para *felizes porque fizeram* e *continuam a fazer*

O foco, princípio central, *e* promessa deste livro, "o segredo de se fazer compreender por absolutamente qualquer um", é que você *acessa* as pessoas fazendo-as "aderir". Isso ocorre quando elas se movem de "resistir" para "ouvir" e, depois, "considerar" o que você está dizendo.

Ironicamente, a chave para ganhar a "adesão" e então movê-las por todo o restante do ciclo não é o que *você* diz a *elas*, mas o que você consegue que *elas* digam a *você* – e o que acontece com suas mentes no processo.

FIGURA 1-1 O Ciclo de Persuasão

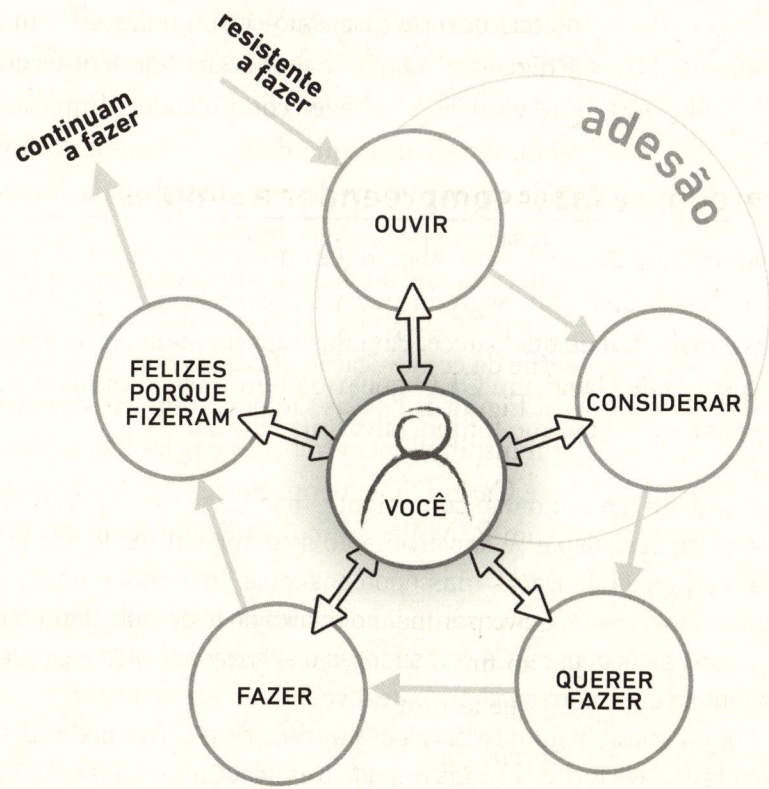

Nos capítulos seguintes, apresentarei nove regras básicas e doze técnicas rápidas que podem ser usadas para mover pessoas por meio de diferentes pontos no Ciclo de Persuasão. Domine-as e será capaz de colocá-las em prática por onde for, na vida profissional ou pessoal. São os mesmos conceitos que ensino aos agentes do FBI e aos negociadores de crises para criar empatia, diminuir o conflito e ganhar adesão à solução desejada – e ao conhecê-los você não precisará ser mantido como refém pelo medo, pela raiva, falta de interesse ou planos ocultos de outra pessoa. Isso porque você terá as ferramentas necessárias para modificar a situação a seu favor.

> Ao ler este livro, você vai encontrar diversas opções para lidar com qualquer situação. Isso porque embora sejamos todos semelhantes de várias maneiras, cada um de nós tem sua própria forma de fazer as coisas. As regras que descrevo na Parte II são universais, mas fique à vontade para escolher as técnicas nas Partes III e IV que combinem com sua personalidade e sua vida.

O segredo: se fazer compreender é simples

Não há nada de mágico nas abordagens que você vai aprender nestas páginas. Na verdade, um segredo que você descobrirá é que impactar pessoas é mais fácil do que parece. Para ilustrar este ponto, vou compartilhar a história de David, um CEO que usou minhas técnicas para mudar sua carreira – e, ao mesmo tempo, salvar sua família.

David era tecnicamente competente, mas severo e ditatorial. Seu gerente de pesquisa e desenvolvimento se demitiu dizendo que adorava a empresa de David, mas não conseguia lidar com o chefe. Os empregados tinham um desempenho abaixo do esperado como retaliação aos seus abusos. Os investidores o achavam ríspido e condescendente e desistiam da chance de investir em sua empresa.

Fui chamado pela diretoria para verificar se David poderia ser reabilitado. Tive fortes dúvidas quando o conheci, mas sabia que teria que fazer um esforço para acessá-lo.

Ao conversar com ele sobre seu estilo de gestão, perguntei por mero capricho: "Como esse seu estilo funciona em casa?".

Ele respondeu: "Engraçado você perguntar isso". Quando quis saber o porquê, ele disse: "Tenho um filho de 15 anos que é brilhante, mas preguiçoso, e nada que eu tente funciona com ele. Seus boletins são ruins, e minha esposa só o mima. Amo meu filho, mas estou quase com aversão a ele. Nós o levamos para ser avaliado e ele tem algum tipo de déficit de aprendizado ou atenção. Os professores tentam ajudá-lo, mas ele não segue nenhuma de suas sugestões. Acho que ele é um bom garoto, mas simplesmente não sei como lidar com isso".

Como eu tinha um palpite, ensinei a David algumas técnicas de comunicação rápidas e lhe disse para testá-las no trabalho e em casa. Nós marcamos um horário para conversar novamente uma semana mais tarde, mas depois de apenas três dias recebi uma mensagem dele. Ela dizia: "Dr. Goulston, por favor, ligue-me assim que possível. Preciso falar com você".

Pensei comigo mesmo: "Oh, Deus, o que diabos aconteceu?", e liguei de volta para ele. Eu me surpreendi ao ouvir a emoção em sua voz quando ele atendeu.

"Doutor", disse ele, "Acho que você pode ter salvado a minha vida".
"O que aconteceu?", perguntei e ele respondeu: "Fiz exatamente o que você me disse".

"Com sua diretoria e o pessoal?", questionei. "E como...".

Ele me interrompeu. "Não falei com eles ainda. Foi com meu filho. Cheguei em casa, fui até seu quarto e falei que precisava conversar com ele. Então, eu disse: 'Aposto que você sente que nenhum de nós sabe como é ficar ouvindo que é inteligente e que não é capaz de usar sua inteligência para ter um bom desempenho, não é?' E seus olhos começaram a lacrimejar – exatamente como você havia previsto."

David prosseguiu: "Continuei com a próxima pergunta que você sugeriu: 'E aposto que às vezes você gostaria de não ser tão inteligente, para que não tivéssemos todas essas expectativas e não ficássemos no seu pé o tempo todo por não se esforçar mais, não é? Ele começou a chorar... e eu fiquei com os olhos marejados. E então perguntei a ele: 'O quanto isso é ruim para você?'".

David continuou com uma voz embargada: "Ele mal podia falar. E disse: 'Está ficando pior, e eu não sei quanto mais posso suportar. Estou decepcionando todo mundo, o tempo todo'".

A essa altura, David me contou que ele mesmo já estava chorando. "Por que você não me disse que estava tão ruim?", perguntou ao filho. David falou, com a voz sofrida, o que aconteceu depois: "Meu filho parou de chorar e me olhou com raiva e ressentimento, que ele devia estar sentindo há anos. E respondeu, 'Porque você não queria saber'. E ele estava certo".

"O que você fez depois?", perguntei.

"Eu não podia deixá-lo sozinho nisso", respondeu David. "Então eu disse a ele: 'Nós vamos consertar isso. Nesse meio-tempo, vou trazer meu laptop e trabalhar na sua cama, e lhe fazer companhia enquanto estiver fazendo sua lição de casa. Não posso deixá-lo sozinho assim, quando está se sentindo tão mal'. Temos feito isso todas as noites desde então, e acho que nós estamos começando a mudar o rumo das coisas".

Ele fez uma pausa e disse: "Doutor, você me ajudou a me desviar de uma bala. O que posso fazer para lhe retribuir?".

Eu respondi: "Faça com a sua empresa o mesmo que fez com seu filho".

"O que você quer dizer?", perguntou ele.

"Você permitiu que seu filho se manifestasse", eu disse. "Quando fez isso, ele lhe revelou o que estava realmente se passando em seu íntimo – e por mérito próprio, você lidou com isso de uma maneira extraordinária. Você tem um grupo de pessoas – dos membros da diretoria à sua equipe administrativa – que o veem exatamente como seu filho, e eles também precisam se manifestar a respeito de suas frustrações com você."

David agendou duas reuniões, uma com a sua diretoria e outra com sua equipe executiva. Ele disse as mesmas coisas para cada grupo. Começou de maneira severa: "Preciso lhes dizer que estou realmente muito decepcionado" – nesse ponto os dois grupos se prepararam para receber críticas e repreensões iradas – "Estou muito desapontado com a forma como tenho pressionado vocês e depois me fechado para receber suas opiniões, tentando ativamente proteger esta empresa e *eu mesmo* de *mim*. Eu não queria escutar, mas estou escutando agora".

David prosseguiu contando-lhes a história de seu filho. E concluiu suas observações dizendo: "Estou pedindo para me darem uma segunda chance, porque acho que podemos consertar isso. Se me derem sua opinião mais uma vez, eu irei ouvir e, com a ajuda de vocês, encontrar uma maneira de implementar suas ideias".

Sua diretoria e equipe de administração não apenas decidiram dar a ele uma segunda chance como o aplaudiram de pé.

Qual é a moral dessa história? Que as palavras certas têm um enorme poder de curar. No caso de David, algumas palavras salvaram seu trabalho, sua empresa e seu relacionamento com o filho.

Mas há outra lição aqui. Observe as duas histórias deste capítulo e verá que o detetive Kramer e David usaram algumas abordagens semelhantes para alcançar objetivos muito diferentes. O primeiro impediu que um homem perturbado se matasse enquanto o segundo evitou que sua empresa o demitisse e corrigiu as rupturas em sua família. O poder dessas técnicas, e de outras que você aprenderá, está no fato de que elas se aplicam a praticamente qualquer pessoa e situação.

Por que um simples conjunto de recursos de comunicação tem esse poder global? Porque, mesmo que nossa vida e nossos problemas sejam diferentes, nosso cérebro trabalha de forma muito semelhante. No próximo capítulo, daremos uma rápida olhada no motivo pelo qual nossa mente "adere" ou "rejeita" – e por que impactar uma pessoa inacessível depende de conversar com o cérebro.

2. UM POUCO DE CIÊNCIA
Como o cérebro muda de "não" para "sim"

"O que acontece quando duas pessoas conversam?
Essa é realmente a principal questão aqui, pois esse é
o conceito básico no qual a persuasão ocorre."
— MALCOM GLADWELL, AUTOR DE *O PONTO DA VIRADA*

Eu penso como médico, em razão disso enchi a primeira versão deste capítulo com desenhos de partes do cérebro e com comentários de como ele funciona. Quando terminei, mostrei-o a Ellen, minha editora, pensando que ela diria: "Uau. Isso é fantástico".

Ellen olhou rapidamente para todas aquelas informações sobre o cérebro, e então disse, incisivamente: "Credo".

Eu entendi o que ela quis dizer. A maioria dos meus leitores não está preocupada com neurônios, neurotransmissores, substância cinzenta e substância branca, mas em aprender como impactar pessoas. E não se importa sobre o que acontece dentro de seu cérebro ao fazer isso.

Mas há uma coisa: ao entender algo a respeito de como o cérebro se movimenta de resistir a aderir, você terá uma grande vantagem, pois não importa qual seja a mensagem, você precisa falar com o cérebro. É por isso que ensino um pouco de ciência a negociadores de crises, CEOs, gestores, pais e qualquer um que precise acessar pessoas difíceis.

No entanto, segui o conselho sábio de Ellen e alterei a primeira versão. Nada de desenhos do cérebro e relatos pouco interessantes sobre anatomia. E o que sobrou? Três conceitos cruciais que lhe permitirão ver o que acontece dentro de alguém quando você está tentando fazê-lo aderir. Compreenda os três – *o cérebro trino, o sequestro da amígdala* e *os neurônios-espelho* – e saberá o necessário sobre o funcionamento do cérebro ao impactar alguém.

O cérebro trino

Quantos cérebros você tem? Essa é uma pergunta complicada, pois a resposta (como você provavelmente sabe, se cursou biologia na faculdade) não é um, mas três.

O cérebro possui três camadas que evoluíram ao longo de milhões de anos: uma camada primitiva, semelhante à dos *répteis*; outra mais evoluída, como a dos *mamíferos*; e a última, como a dos *primatas*. Todas estão interconectadas, mas na verdade costumam funcionar como três cérebros diferentes – e frequentemente estão em guerra entre si. Eis como cada um dos três cérebros se comporta:

- O cérebro reptiliano inferior é a parte "luta ou fuga" de todo o conjunto. Essa área do cérebro está relacionada a agir e reagir, sem muita influência do pensamento. Ela também pode deixá-lo estático em situações de crise – o que se conhece como a reação "paralisante".
- A camada média, dos mamíferos, é a sede das emoções. (Chame-a de sua "rainha do drama" interior). É onde surgem os sentimentos fortes – amor, alegria, tristeza, raiva, sofrimento, ciúmes, prazer.
- O cérebro superior, ou primata, é como o Sr. Spock de *Jornada nas Estrelas*: é a parte que pesa as situações de maneira lógica e racional, e cria um plano de ação consciente. Essa área coleta dados dos cérebros de répteis e mamíferos, separa e analisa cada um, e então toma decisões práticas, inteligentes e éticas.

Ao evoluirmos, as novas regiões cerebrais não derrotam as partes mais antigas. Em vez disso, como os anéis de uma árvore, cada área se sobrepõe às mais primitivas. O cérebro médio se sobrepõe ao inferior e o superior se sobrepõe ao cérebro médio. E todos os três têm poder sobre como você pensa e age todos os dias.

Em pequena escala, esses cérebros funcionam juntos. No entanto, em maior extensão, eles tendem a se separar e a funcionar de forma independente – especialmente quando estamos sob estresse. Quando isso acontece e o cérebro reptiliano ou o mamífero assumem o controle, o cérebro racional humano é eclipsado, e passamos a funções primárias.

E o que isso tudo tem a ver com se fazer compreender pelas pessoas? É simples: para impactar alguém, é preciso conversar com o cérebro humano superior – e não com o de cobra ou de rato. Você terá problemas se estiver tentando obter a adesão de alguém zangado, revoltado, chateado ou ameaçado, pois, nessas situações, o cérebro superior não está dando as ordens. Se a conversa for com um chefe, cliente, cônjuge ou filho cujo cérebro inferior ou médio esteja no comando, você está falando com uma cobra encurralada ou, na melhor das hipóteses, com um coelho histérico.

Nessa situação, seu sucesso depende inteiramente de conduzir o cérebro de reptiliano ou mamífero ao cérebro racional – uma técnica que ensinarei mais adiante. Por agora, vamos observar por que o cérebro primitivo pode assumir o controle, anulando todos os séculos de evolução humana. A chave: uma região do cérebro chamada de *amígdala cerebelosa*.

O sequestro da amígdala e a morte do pensamento racional

A amígdala, uma pequena área no interior do cérebro, entra em ação se você sentir que está sendo ameaçado – por exemplo, se um estranho se aproxima em um estacionamento escuro. Essa ameaça não precisa ser sempre física: uma "guerra de palavras", um abalo financeiro, ou mesmo um desafio para o seu ego, também podem ativá-la.

Da mesma forma, seu córtex frontal, a parte lógica do cérebro, fica alerta nas situações em que você se sente ameaçado. No entanto, essa região superior do cérebro quer analisar a ameaça e nem sempre se tem tempo para isso. É por essa razão que seu corpo dá à amígdala o poder de acionar um interruptor, seja direcionando impulsos para o córtex frontal, seja desviando-os dele.

Às vezes, quando se está realmente assustado, a amígdala desliga instantaneamente seu cérebro superior, fazendo com que você aja por instinto. No entanto, na maior parte do tempo, ela analisa a situação antes de agir. Para entender esse processo, imagine a amígdala como uma panela cheia de água sobre o fogão. Aqueça a panela em fogo baixo e ela pode ficar fervendo durante horas. Entretanto, aumente para fogo alto e em algum momento a água irá transbordar. Da mesma forma, desde que sua amígdala permaneça "fervendo em fogo baixo" e não seja forçada a ferver depressa, você poderá continuar acessando a parte superior de seu cérebro, o que lhe permitirá pausar, refletir, considerar opções e fazer escolhas inteligentes. Entretanto, quando sua amígdala atinge o ponto de ebulição, tudo está acabado.

Chamamos esse ponto de ebulição de *sequestro da amígdala* – um termo concebido inicialmente pelo psicólogo Daniel Goleman, criador do conceito de inteligência emocional. A palavra "sequestro" é apropriada porque nesse ponto (perdoe-me por me desviar para outra metáfora), o piloto inteligente e sensível de seu cérebro – o córtex frontal – não está mais no controle. Em vez disso, a cobra está pilotando o avião. Sua capacidade racional cai radicalmente, sua memória operacional falha e os hormônios do estresse inundam seu sistema. A adrenalina impedirá que você pense com clareza nos minutos seguintes, e pode levar horas para que todos os efeitos desapareçam. Sem dúvida, Goleman ficou entusiasmado com esse conceito, pois quando se está sob o sequestro da amígdala, a inteligência emocional escorre pelo ralo.

Se estiver tentando conversar a respeito de fatos com uma pessoa que está sob essa condição, você está perdendo tempo. Mas se intervir antes que a amígdala atinja o ponto de ebulição, o cérebro superior pode permanecer sob controle. (Pense nisso como adicionar sal à água ao aquecê-la. Fazendo isso, você aumenta o ponto de fervura e ela pode receber mais calor enquanto ferve em fogo baixo.)

Muitas das técnicas que vou lhe ensinar para lidar com pessoas raivosas, assustadas ou resistentes fazem apenas o seguinte: evitam o sequestro da amígdala. Ao colocá-las em prática, você estará conversando com o cérebro humano, e as palavras poderão ser compreendidas.

Um especialista em evitar o sequestro da amígdala era Earl Woods, pai do grande jogador de golfe Tiger Woods. Ele provavelmente foi um dos melhores pais que alguém poderia ter, e por certo um dos melhores treinadores.

Se você joga golfe, sabe que um bom desempenho está relacionado diretamente com um enorme componente mental. Quando a maioria dos jogadores fica estressada, suas amígdalas começam a ferver – e o resultado é que eles travam. Mas isso não acontece com Tiger. Quando está estressado, em vez de ficar angustiado, ele torna-se determinado e mais concentrado. Enquanto outros golfistas passam de estressados para aflitos e então travados, Tiger passa de estressado para alerta e então determinado.

No entanto, até mesmo ele pode sofrer um sequestro da amígdala em um dia ruim. Uma de minhas histórias sobre esportes favorita de todos os tempos aconteceu depois que Tiger deu 40 tacadas nos nove primeiros buracos na primeira rodada do Masters de 1997. Era a primeira vez que ele participava de um grande torneio como profissional, e as coisas (e seu cérebro) pareciam estar desmoronando. Aparentemente, ele foi até seu pai em pânico e disse algo, como: "Não sei o que está acontecendo".

Seu pai parou, olhou fundo nos olhos dele e disse: "Tiger, você já passou por isso antes. Apenas faça o que precisa ser feito".

Naquele momento, não só as coisas voltaram aos eixos, como também Tiger acabou vencendo o torneio com uma margem de 12 tacadas, e 18 tacadas abaixo do par total, dois recordes que nunca foram igualados. Algumas palavras simples de seu pai na hora certa evitaram um sequestro da amígdala – e transformaram um desastre em potencial em uma das maiores vitórias esportivas da história.

Neurônios-espelho

Você se contrai quando um colega de trabalho se corta com papel e vibra quando o mocinho do filme conquista a garota. Isso acontece porque, por um instante, é como se essas coisas estivessem acontecendo com você – e, de certa forma, estão.

Anos atrás, cientistas que estudavam células nervosas específicas no córtex pré-frontal dos macacos descobriram que elas disparavam quando os animais atiravam uma bola ou comiam uma banana. Mas, eis a surpresa: as mesmas células disparavam *quando os macacos viam outro macaco fazendo as mesmas coisas*. Em outras palavras, quando o primeiro macaco via o segundo atirando a bola, seu cérebro reagia como se ele mesmo a tivesse atirado.

Inicialmente, os cientistas apelidaram essas células de neurônios "macaco vê, macaco faz". Mais tarde mudaram seu nome para *neurônios-espelho*, porque elas permitiam que os macacos espelhassem as ações de outro ser em suas próprias mentes.

O novo nome é mais preciso, pois estamos descobrindo que, assim como os macacos, os humanos possuem neurônios que agem como espelhos. De fato, estudos sugerem que essas células extraordinárias podem formar a base da empatia humana. Isso porque, na verdade, elas nos transportam para a mente de outra pessoa, fazendo-nos sentir brevemente o que ela está sentindo. Em 2007, em um artigo publicado na *Edge*, intitulado "The Neurology of Self-Awareness",* V. S. Ramachandran, um pioneiro na pesquisa sobre neurônios-espelho, comentou: "Eu os chamo de 'neurônios da empatia' ou 'neurônios Dalai Lama', pois eles atuam dissolvendo as barreiras entre o eu e os outros".

Em suma, essas células revelam-se como uma forma pela qual a natureza faz com que nos preocupemos com outras pessoas. Mas se virmos os neurônios-espelho por outro ângulo, surgem novas questões. Por que muitas vezes choramos quando alguém é amável conosco? Por que temos um sentimento agradável quando alguém nos compreende? Por que um simples gesto carinhoso, como perguntar "Você está bem?", pode nos comover tanto?

Minha teoria, apoiada por minhas descobertas clínicas, é que nós espelhamos constantemente o mundo, nos adaptando às suas exigências e tentando ganhar seu amor e aprovação. E, a cada vez que espelhamos o mundo, é criada uma pequena necessidade recíproca de sermos espelhados de volta. Se essa necessidade não for satisfeita, desenvolvemos o que eu chamo de "déficit de receptores dos neurônios-espelho".

No mundo atual, é fácil imaginar esse déficit crescendo e se tornando uma dor profunda. Muitas pessoas com as quais eu trabalho – de CEO e

---

* A Neurologia da Autoconsciência. (N. T.)

gerentes a cônjuges infelizes e pacientes deprimidos – sentem que deram o melhor de si apenas para se depararem, dia após dia, com apatia, hostilidade ou (possivelmente o pior de todos) nenhuma reação. Na minha opinião, esse déficit explica por que nos sentimos tão comovidos quando alguém reconhece nossa dor ou nossas conquistas. É por isso que muitas das técnicas mais poderosas que vou ensinar envolvem o espelhamento dos sentimentos de outra pessoa – mesmo que você não concorde com eles.

Eis um exemplo de minha própria experiência que ilustra o poder surpreendente dessa abordagem. Ele envolve Jack, um paciente paranoico, altamente inteligente, que atendi vários anos atrás. Antes de me consultar, Jack já tinha ido a quatro psiquiatras.

"Antes de começarmos a conversar", disse Jack logo de cara, "eu preciso lhe contar que as pessoas que moram no apartamento acima do meu fazem barulho a noite inteira e isso está me deixando louco". Ele disse isso com um sorriso irônico que me pareceu estranho naquele momento.

"Isso deve ser irritante para você", respondi com empatia.

Sorrindo de forma maliciosa como se tivesse me capturado numa armadilha, Jack acrescentou: "Ah, esqueci de lhe dizer que moro no último andar e não há acesso ao telhado". Então, ele me olhou com um sorriso malicioso como se fosse um comediante querendo levantar a plateia.

Pensei comigo mesmo: "Humm. Eu poderia perguntar 'e daí?' e desencadear um confronto. Ou dizer 'conte-me mais', fazendo-o dar mais detalhes sobre sua ilusão paranoica. Ou ainda, 'Estou certo de que o som deve parecer bem real, mas uma parte de você sabe que não é'..., mas isso era provavelmente o que os outros quatro psiquiatras haviam dito".

Então eu me perguntei: "O que é mais importante para mim? Ser um profissional calmo e objetivo, dando-lhe a mesma chamada para a realidade que ele já tinha recebido dos outros? Ou tentar ajudá-lo, mesmo que isso significasse abrir mão da realidade?".

Eu optei pelo último. Deixei de lado o que sabia ser a verdade e disse, com toda sinceridade: "Jack, eu *acredito* em você".

Com isso, ele me olhou e parou por um momento. Então, começou a chorar, fazendo o som de um gato selvagem faminto no meio da noite.

Pensei que tinha realmente mexido em uma casa de marimbondos e questionei meu julgamento, mas deixei-o chorar. Com o passar dos minutos, seu choro foi diminuindo e o som foi se tornando menos animal e mais humano. Finalmente, ele parou, enxugou os olhos com a manga da camisa e limpou o nariz com um lenço de papel. E então olhou para mim outra vez, parecendo mais leve, como se tivesse acabado de se livrar de um fardo enorme, e me deu um sorriso aberto e consciente. "Parece loucura, não é?"

Sorrimos juntos com a revelação que ele acabara de ter, e foi seu primeiro passo para melhorar.

O que aconteceu para que Jack começasse a abrir mão de sua loucura? Ele se sentiu *espelhado* por mim. A vida toda, era cobrado a refletir o mundo e concordar com ele, quer fosse por meio da prescrição de um médico, dizendo: "Você precisa deste medicamento" ou pelo comentário de um outro, afirmando: "Você percebe que isso é ilusão, não é?". Diante desse cenário, o mundo estava sempre lúcido e correto e Jack sempre louco e errado. E "louco e errado" é um lugar bem solitário para estar.

Meu espelhamento preciso ajudou Jack a se sentir menos sozinho. Com isso, ele pôde ficar um pouco mais aliviado. E com esse alívio, foi capaz de relaxar mentalmente. Como resultado, Jack ficou grato, e com a gratidão veio a vontade de abrir sua mente para mim e trabalhar, em vez de lutar comigo.

Agora, é pouco provável que você lide com esquizofrênicos paranoicos no seu cotidiano, a menos que seja um psiquiatra. Mas você vai lidar, todos os dias, com pessoas que têm "déficit de receptores dos neurônios-espelho", porque o mundo não está retribuindo a eles o que exteriorizam. (Na verdade, meu palpite é que esta seja uma condição quase universal da humanidade). Compreender e responder à necessidade de uma pessoa é uma das ferramentas mais poderosas para tocá-la, seja no trabalho ou na vida pessoal.

A necessidade de ser espelhado pode ir muito além das conversas individuais. Lembro-me de um incidente ocorrido há 20 anos. Nele, eu assisti a um palestrante despretensioso, e até mesmo sem graça, não apenas impactar uma plateia de 300 pessoas, mas ser mais eficiente do que seu carismático coapresentador, cuja personalidade era muito mais marcante.

Eu estava participando de uma conferência de dois dias sobre uma forma intensiva e bastante eficaz de psicoterapia rápida. O evento contava com dois palestrantes, um psiquiatra canadense e outro britânico, pioneiros nessa área. Cada um deles falava, apresentava vídeos de suas sessões com pacientes e depois promovia comentários, perguntas e discussões.

Logo de cara, ficou óbvio que o palestrante canadense era poderoso, focado, exigente e fácil de ouvir. Em contrapartida, o segundo psiquiatra, embora fosse igualmente claro, era mais calmo, discreto e britânico, *e* foi preciso mais esforço para prestar atenção nele.

Mas, depois de dois dias, algo curioso aconteceu. O palestrante canadense lançava-se em suas apresentações como um Boeing 747 acelerando na pista para decolar. O britânico era mais como um pequeno bimotor seguindo na pista em um ritmo mais tranquilo. O entusiasmo do primeiro sempre fazia com que ele excedesse o tempo determinado para suas apresentações, invadindo bastante os horários previstos para as pausas. Isso fazia com que a equipe organizadora encurtasse os intervalos e insistisse para que voltássemos a tempo para a próxima apresentação. O fato de diversos membros da audiência começarem a ficar inquietos, olhando para seus relógios ansiosos pelas pausas para o lanche, causava pouco impacto no canadense. Ele terminaria o que estava dizendo, quer alguém estivesse ouvindo e se importando, quer não.

Por outro lado, o psiquiatra britânico começava suas palestras dando batidinhas no microfone e perguntando se todos conseguiam ouvi-lo no fundo da sala. Ele também estava profundamente sintonizado com qualquer sinal de que a atenção da audiência estava se desviando de forma significativa. Nesses momentos, ele demonstrava um dos mais impressionantes casos de espelhamento de que posso me lembrar – e o fazia com uma grande plateia, por incrível que pareça. Mesmo que estivesse no meio da frase, parava e dizia: "Vocês já ouviram o bastante por enquanto. Vamos fazer uma pausa e voltamos em dez minutos".

No início, esses episódios pareceram um pouco estranhos, mas no final da conferência ficou claro que os participantes, que antes estavam impressionados com o canadense – carismático, mas um tanto vaidoso –, estavam profundamente admirados e atentos ao outro, que se empenhou em espelhá-los com precisão. O médico britânico havia conquistado uma sala inteira de pessoas, sem esforço.

Da teoria à prática

A ciência do cérebro que esbocei neste capítulo possui uma ressalva: ela não se aplica a todos. Em raras ocasiões, você vai encontrar pessoas que estão aprisionadas em seus cérebros reptilianos ou mamíferos e não são capazes de pensar de maneira lógica, não importa o quanto se tente ajudá-las. (Muitas, mas não todas, se enquadram na categoria de "doentes mentais".) E você vai encontrar pessoas que não ligam a mínima se espelhamos seus sentimentos ou não, porque são sociopatas ou narcisistas que se importam apenas se estamos fazendo o que elas querem – razão pela qual este livro também inclui técnicas para lidar com intimidadores e idiotas.

Em quase todos os casos, os indivíduos que encontramos estão dispostos a ser impactados, desde que o muro que ergueram para evitar serem feridos ou controlados seja transposto. Nos capítulos a seguir, mostrarei como espelhar as emoções dessas pessoas de forma eficaz, redirecionando-as para processos de pensamento racional e impedindo-as de passarem por sequestros de amígdala – aplicando apenas algumas regras e técnicas simples. E também vou lhe contar como manter seu *próprio* cérebro sob controle, de modo que possa permanecer calmo e dizer a coisa certa, em vez de ceder diante da pressão.

Quando for capaz de fazer essas coisas, você ficará surpreso com o quanto é fácil impactar pessoas – e impressionado com a diferença que isso fará em seu trabalho, seus relacionamentos e sua vida.

Parte II

AS NOVE REGRAS PARA IMPACTAR QUALQUER PESSOA

Atualmente, somos especialistas em "sincronização", fazendo com que diferentes equipamentos tecnológicos, como smartphones e PCs, "conversem" entre si. Entretanto, poucos de nós somos especialistas quando se trata de sincronização com outras pessoas. Domine as nove regras básicas deste capítulo e você conhecerá os segredos de se conectar com qualquer um – no trabalho, em casa, e em todas as fases de sua vida.

Depois de aprendê-las, você estará preparado para a Parte III, em que ensinarei 12 maneiras rápidas de impactar pessoas em qualquer ponto do Ciclo de Persuasão. Você poderia pular direto para essas técnicas, mas eu recomendo que leia esta parte antes, porque o poder dessas técnicas não está apenas nas palavras ditas – mas em saber por que, quando e como usá-las. E também em saber como estabelecer as bases para o seu sucesso.

3. MOVA-SE DE "OH, P#@% PARA O OK"

"A chave para vencer é manter o equilíbrio sob estresse."
— Paul Brown, ex-treinador do
Cleveland Browns e do Cincinnati Bengals

"Mark, estou muito empolgado com isso", disse-me Jim Mazzo, CEO e presidente da Advanced Medical Optics, por telefone.

Jim é um dos mais éticos e eficientes líderes que eu conheço. Mas, mesmo vindo de um homem tão notável, o comentário foi surpreendente, pois naquele dia de 2007 sua empresa estava no meio do que a maioria das pessoas chamaria de crise.

Sem esperar pela aprovação de sua diretoria, Jim havia acabado de pedir o *recall* voluntário de uma solução oftalmológica, assim que soube que ela poderia provocar infecções graves da córnea. Liguei para ele a fim de dizer o quanto admirei sua atitude, que me lembrou a de James Burke ao retirar o Tylenol rapidamente do mercado quando vários frascos foram contaminados com cianeto.

Ele respondeu: "Somos uma grande empresa, com transparência total, um conjunto de valores e um código de conduta que todos respeitamos e seguimos. Estou animado porque sei que essa é uma daquelas raras oportunidades que nos tornará ambos, eu e a empresa, ainda melhores, e estou ansioso para descobrir como ela fará as duas coisas".

Em seguida, ele disse algo que me impressionou ainda mais: "Quando situações ruins acontecem, se resistir à tentação de fazer algo que as torne ainda piores, você vai descobrir coisas valiosas sobre sua empresa e sobre si mesmo que nunca teria aprendido se não tivesse sido afetado por elas".

Isso é pura coragem – e valeu a pena para a AMO, que resistiu bem à tempestade e, no meio disso tudo, melhorou ainda mais sua excelente reputação como empresa ética, que merece a confiança total de seus investidores e consumidores.

Qual é a diferença entre Jim e os líderes empresariais que entram em pânico, mentem, tentam desesperadamente encobrir problemas, ou simplesmente desmoronam quando eles ocorrem? Ele tem a capacidade de superar uma crise e tomar a atitude correta. Isso porque ele é inteligente e ético – e também porque, quando surgem problemas, ele rapidamente controla sua resposta inicial de medo (uma reação humana universal a crises). Sem dúvida, a princípio, Jim fica tão assustado quanto qualquer outra pessoa quando elas ocorrem, mas ele não permanece assim. Em vez disso, seus valores fundamentais profundamente arraigados impedem que suas emoções entrem em ebulição e o levem a fazer algo precipitado. Como resultado, enquanto outras pessoas ficam tentadas a se esconder, culpar alguém ou perder o controle, ele consegue pensar com rapidez e se comunicar com eficácia.

Compreenda a si mesmo primeiro

Conseguir manter as emoções sob controle não é apenas uma chave para ser um grande líder como Jim. É também fundamental para impactar outras pessoas, especialmente em momentos de estresse ou incerteza. É o motivo pelo qual um negociador de crises tranquilo e controlado pode se fazer compreender por alguém que parece inacessível – e, por outro lado, o motivo pelo qual uma pessoa que está chorando, lamuriando ou gritando vai afastar até mesmo um ouvinte calmo e empático.

Nos capítulos a seguir, você vai aprender muitas técnicas poderosas para mudar outra pessoa. Mas uma das mais poderosas é como controlar seus *próprios* pensamentos e emoções – porque na maioria das vezes é aí que a comunicação bem-sucedida começa. Dominar a arte de controlar a si mesmo vai mudar sua vida, porque irá evitar que você seja seu pior inimigo quando precisar impactar outras pessoas em situações estressantes.

É claro que nem todos os conflitos pessoais são estressantes. Mas muitos são – e podem construir ou destruir uma carreira ou um relacionamento. Além disso, geralmente os conflitos estressantes são aqueles com os quais você está menos preparado para lidar. Uma conversa telefônica desgastante, negociar com um cliente zangado, passar por uma entrevista de emprego difícil, encarar um amante furioso, lidar com um adolescente insolente: tudo isso pode afetar suas emoções a ponto de você não ser capaz de pensar com clareza. E quando isso acontece você se perde.

Por isso, a primeira e mais importante regra para assumir o controle em uma situação estressante é esta: *controle a si mesmo primeiro*. (É por isso que comissários de bordo instruem os passageiros para que coloquem a máscara de oxigênio primeiro, antes de fazê-lo em outra pessoa.) A boa notícia é que controlar a si mesmo é mais simples do que você pensa.

Velocidade é tudo

Na verdade, é bem provável que você já saiba como lidar com uma situação tensa de maneira racional. Sabe exatamente como passar do modo de ataque para o emocional e depois para o inteligente. Mas, infelizmente, talvez não saiba como fazê-lo com *rapidez*.

Em vez disso, eis o que normalmente acontece: alguns minutos depois de um conflito estressante, você se acalma um pouco, seu pulso desacelera e sua respiração se torna mais lenta. Passado um tempo, você provavelmente obtém autocontrole suficiente para considerar suas opções. E, então, começa a pensar: "Ei… há uma maneira inteligente de lidar com isso".

No entanto, a essa altura, muitas vezes é tarde demais. Você já perdeu a venda, afastou um chefe ou colega, convenceu um amante de que é uma má opção, perdeu o momento de fazer um comentário perfeito ou de causar uma ótima primeira impressão.

Então, qual é a solução? Num conflito estressante, para evitar perder a chance de impactar outra pessoa, você precisa colocar seus pensamentos e emoções sob controle em minutos – e não horas. Em suma, você precisa se mover quase instantaneamente de seu cérebro reptiliano para o mamífero e então para o humano. Isso parece impossível, mas não é. Na verdade, com prática é possível fazer isso em cerca de dois minutos.

E, assim, você terá a vantagem sobre todos os outros, pois será a única pessoa que realmente está pensando com clareza.

O processo do "Oh, P#@% para o OK"

Para entender como o estresse interfere em seu poder de impactar as pessoas, você precisa saber as etapas mentais pelas quais passa em um momento de estresse ou crise. O interessante é que mesmo que cada crise pareça diferente para você, sua mente as trata da mesma maneira. Não importa qual seja o problema – uma pequena batida de carro, um contrato perdido no trabalho, uma discussão com o marido ou esposa, ou seu filho adolescente dizendo: "Minha namorada está grávida" – você passa por essas etapas mais ou menos na mesma ordem toda vez que se aborrece.

Em uma pequena crise, você pode começar no estágio intermediário desse processo. Em uma grande, começará no inferior. Eu o chamo de processo do "Oh, p#@% para o OK". Veja a seguir como ele funciona.

O PROCESSO DO "OH, P#@% PARA O OK"

"Oh, p#@%" (A fase da reação):
Isso é um desastre, estou ferrado, que diabos acabou de acontecer, não tem como resolver, está tudo acabado.

"Oh, Deus" (A fase da liberação):
Oh, meu Deus, esse é um problema enorme e vou ter que resolver isso até o fim. M#@% – esse tipo de coisa sempre acontece comigo.

"Oh, caramba" (A fase da recentralização)
Tudo bem, eu posso resolver isso, mas não vai ser nada divertido.

"Bem..." (A fase da reorientação):
Eu não vou deixar isso arruinar minha vida/ minha carreira/ meu dia/ esse relacionamento, e aqui está o que eu preciso fazer agora para tudo melhorar.

"OK" (A fase da reativação):
Estou pronto para resolver isso.

Agora, eis o segredo: quando você se torna consciente dessas fases e pode identificar mentalmente qual delas está acontecendo, é capaz de manipular sua resposta emocional a cada uma. O resultado disso é que você pode acelerar a mudança do início até o fim em minutos. Algumas pessoas, como Jim Mazzo, provavelmente nasceram sabendo como fazer isso – mas se você não é uma delas, é possível aprender agora.

Obviamente, não estou afirmando que você consegue resolver uma crise em dois minutos. Você não consegue. O que estou dizendo é que você pode *encontrar um caminho para a possível solução* com essa rapidez. Ao fazê-lo, você se retira do modo pânico e entra no modo "solução". Como resultado, será capaz de dizer todas as coisas certas e evitar as erradas.

O poder do "Oh, p#@%"

Um elemento absolutamente fundamental para mover seu cérebro do pânico para a lógica é colocar em palavras o que está sentindo em cada fase. Você pode fazer isso em silêncio se estiver em público ou em voz alta, se estiver sozinho, mas, qualquer que seja a maneira, é um movimento essencial para controlar a si mesmo rapidamente.

Por quê? Uma pesquisa de Matthew Lieberman, da UCLA, mostra que quando as pessoas denominam suas emoções – "medo", "raiva" – a amígdala, o pequeno sensor de ameaças biológico que pode levar o cérebro ao modo animal, esfria quase instantaneamente. Ao mesmo tempo, outra parte do cérebro – a parte do córtex pré-frontal, que é sua área inteligente – começa a funcionar. Essa região parece inibir respostas emocionais para que o indivíduo possa pensar friamente acerca do que está acontecendo. E é exatamente isso o que você quer fazer.

Surpreendentemente, este não é o momento de mentir para si mesmo, dizendo "Estou bem, estou calmo, está tudo bem". Na verdade, é hora de dizer para si mesmo (pelo menos no início): "Oh, p#@%" ou "Estou apavorado".

O treino de velocidade do "Oh, p#@% para o OK"

Embora a simples atitude de denominar as emoções sentidas a cada fase de uma crise seja parte da solução, esse é apenas o primeiro passo. É por isso que pessoas que ficam apenas gritando "Oh, p#@%" em uma crise, normalmente não ajudam a resolvê-la. Elas deram o primeiro passo para sair do cérebro animal, mas não vão muito além por algum tempo.

Então, pense no "Oh, p#@%" como um ponto de partida, mas não fique preso nele. Em vez disso, depois de denominar suas emoções e apoiar seus lobos frontais, comece a movimentar seu cérebro um nível de cada vez, do pânico ao controle.

O TREINO DE VELOCIDADE DO "OH, P#@% PARA O OK"

"Oh, p#@%" (A fase da reação):
NÃO negue que está aborrecido e com medo. Pelo contrário, identifique seus sentimentos e reconheça-os, descrevendo-os com palavras. ("Estou realmente assustado. Estou com muito medo de perder meu emprego por causa disso"). Diga isso em voz alta se estiver sozinho, porque o ato físico de expirar enquanto fala irá ajudá-lo a se acalmar.

Se estiver em uma situação da qual possa fugir por um ou dois minutos, faça-o. Caso contrário, não fale com mais ninguém durante esses primeiros segundos. Você precisa se concentrar inteiramente em reconhecer e superar sua raiva ou pânico. Se estiver em uma situação em que possa manter os olhos fechados por cerca de um minuto, faça-o.

"Oh, Deus" (A fase da liberação):
Depois de admitir a forte emoção que está sentindo, respire profunda e lentamente pelo nariz com os olhos fechados e deixe-a ir. Repita isso o tempo necessário para soltá-la completamente. Depois de liberar suas emoções, continue respirando e *relaxe*. Isso permitirá que você comece a recuperar seu equilíbrio interno.

"Oh, caramba" (A fase da recentralização)
Continue respirando e, enquanto isso, permita-se ir da escala de alerta 1 para a 2, 3, 4 e 5. Ao passar por essa transição, talvez seja útil dizer estas palavras: "Oh, p#@%!" "Oh, Deus". "Oh, caramba". "Bem...".

"Bem..." (A fase da reorientação):

Comece a pensar no que pode fazer para contornar o estrago e tirar o melhor proveito da situação.
"OK" (A fase da reativação):
Se ainda estiver com os olhos fechados, abra-os. Então faça o que precisa ser feito.

No início, você vai achar difícil mudar rapidamente de uma fase para a outra. Isso porque não é instintivo para o seu cérebro se mover instantânea e fluidamente de suas regiões primitivas para as superiores. (É muito mais instintivo permanecer atolado no "Oh, p#@%" por minutos ou horas.)

Entretanto, se treinar essas etapas em sua mente e usá-las na vida real, você se tornará cada vez melhor e mais rápido. Em cerca de seis meses, estará assumindo o controle nas situações mais estressantes e fazendo as coisas certas acontecerem.

É especialmente importante adquirir essa habilidade se você possui o que eu chamo de "agressividade por medo". Isso é algo que pode ser visto em exposições de cães, quando um poodle ou dachshund de aparência inofensiva de repente rosna de forma ameaçadora para um juiz. O cachorro não rosna por ser agressivo, mas porque fica assustado com o barulho e o tumulto, e mergulha no modo "Oh, p#@%". Como psiquiatra, vejo pessoas presas na agressividade por medo o tempo todo. Se você frequentemente vê sinais dessa reação de estresse em si mesmo – se sua voz fica mais alta em discussões estressantes, soa estridente ou zangada, se sente as veias do pescoço pulsando – então, dominar o treino de velocidade do "Oh, p#@% para o OK" pode salvar seu emprego ou casamento.

Você também vai achar essa habilidade imprescindível se for propenso a chorar quando alguém o ataca. Ao reconhecer efetivamente a vontade de chorar ("Tudo bem, esta é a fase 'Oh, Deus', e sinto vontade de chorar neste momento") em vez de tentar combatê-la, você estará na importante posição de observar essa opção e contrariá-la.

Mas, mesmo que você lide com o estresse de forma calma e tranquila, reserve um tempo para dominar essa habilidade – porque poderá lidar com ele de maneira ainda melhor. E, muitas vezes, ser capaz de controlar a si mesmo alguns segundos mais rápido pode significar a diferença entre impactar pessoas e perdê-las.

O melhor exemplo de frieza sob fogo cruzado que eu já vi envolve o ex-secretário de estado Colin Powell. Em 1996, Powell era o orador principal em uma conferência nacional dos mais importantes agentes do ramo imobiliário. Naquele ponto, ele havia alcançado uma enorme popularidade com o povo americano e estava sendo considerado um possível candidato à presidência.

Por acaso eu estava na plateia naquele dia, e o general Powell tinha a mim (e todas as outras pessoas) na palma da mão. Ele incitou os presentes a retribuírem o que haviam recebido de suas comunidades. Falava de maneira apaixonada de sua gratidão por sua família, infância e amigos. E nos exortava a "fazer bem fazendo o bem".

No final de sua palestra, ele solicitou perguntas. Ainda sentindo o calor de suas palavras inspiradoras, nós estávamos completamente despreparados para o que aconteceu em seguida.

"General Powell", disse o primeiro espectador, "sabemos que sua esposa sofria de depressão, teve que tomar remédios e que esteve até internada em um hospital psiquiátrico. O senhor deseja comentar algo sobre isso?".

Era possível ouvir todas as 8 mil pessoas no auditório arquejarem com a inconveniência – sem falar na crueldade – da pergunta. No silêncio que se seguiu, todos se perguntavam como Powell reagiria. Anos antes, Edmund Muskie havia perdido a chance de se tornar presidente quando um repórter lhe questionou sobre a sanidade de sua esposa, e ele começou a chorar. O que Powell faria diante de uma circunstância semelhante?

Ele olhou para o homem que fez a pergunta e parou por um momento. Em seguida, simplesmente respondeu: "Desculpe-me – a pessoa que você ama mais do que qualquer outra está vivendo no inferno e você não faz tudo o que pode para tirá-la de lá? O senhor vê algum problema nisso?".

Eu fiquei impressionado. A resposta dele foi brilhante. Foi calma. Perfeita.

E acredite: essa não foi a primeira coisa que o general quis fazer. Por uma fração de segundo, ele provavelmente quis descer do palco, agarrar o idiota que fez a pergunta e socar seus dentes até chegarem à nuca. Porque era isso o que todos nós iríamos querer fazer em seu lugar.

Mas ele não cedeu à raiva (embora tivesse todo o direito de fazê-lo). E não chorou, como o senador Muskie. Em vez disso, ele foi do "Oh, p#@% para o OK" mais rápido do que qualquer um que eu já tenha visto.

Como resultado, ele me tocou ainda mais profundamente do que já havia feito com seu discurso. Ele envolveu a todos da plateia e tocou-os em sua essência. E não tenho dúvidas de que ele atingiu o homem que o questionou com a mesma força que um soco teria feito – e sem levantar um dedo.

Isso é equilíbrio sob pressão. E se você puder alcançar o mesmo equilíbrio, será bem-sucedido em todas as situações estressantes e arriscadas que a vida lhe apresentar.

INFORMAÇÃO ÚTIL
Quando vai do "Oh, p#@% para o OK," você para de se agarrar à maneira como acha que o mundo deveria ser, e se torna apto a lidar com ele do jeito que é.

ETAPA DE AÇÃO
Pense no pior conflito que você teve ultimamente com um colega ou um parente. Mentalmente, siga as fases do "Oh, p#@% para o OK" como se estivesse revivendo o incidente. Então, experimente a mesma técnica na próxima vez que tiver uma discussão com a mesma pessoa.

4. RECONECTE-SE COM O OUVIR

"A vida é principalmente uma questão de percepção e, muitas vezes, percepção equivocada."
— DAVE LOGAN, COAUTOR DE
O EXECUTIVO E SUA TRIBO E AS 3 LEIS DO DESEMPENHO

"Quantos de vocês pensam que ouvem bem, ou pelo menos moderadamente bem?", perguntei ao público de quinhentos profissionais do ramo imobiliário que estavam participando de uma conferência nacional anual.

Todos levantaram as mãos. Eu continuei: "Quantos de vocês concordariam comigo se eu dissesse que *nenhum* de vocês ouve, *nunca*?".

Fiz uma pausa e olhei para a plateia. "É mesmo? Interessante. Ninguém levantou a mão".

Como psiquiatra falando para um grupo de vendedores determinados e diretos, eu já tinha duas desvantagens contra mim. Primeira, eu não sou um vendedor. Segunda, sou psiquiatra, e tipos ligados à psicologia e vendedores costumam se estranhar. Naquele momento, com a audiência provavelmente pensando "Que idiota arrogante", eu estava prestes a conquistar a terceira desvantagem.

Continuei: "Se eu pudesse provar que nenhum de vocês ouve, nunca – *e* depois mostrar-lhes como corrigir esse problema para se tornarem mais eficientes – quantos aqui estariam interessados em ouvir mais?".

Alguns dos presentes levantaram as mãos, mas a expressão no rosto de todos transmitia uma mensagem clara: "Ok, mas você só tem uma chance e depois está frito".

Aproveitando aquela chance, eu disse: "Gostaria que vocês imaginassem um auxiliar de escritório que não faz seu serviço a tempo e muitas vezes entrega o trabalho com sérios erros de digitação, entre outros. Agora, imaginem essa pessoa ficando na defensiva ou zangada, ou começando a chorar se você tentar resolver essas falhas".

Perguntei: "Quantos de vocês conseguem pensar em alguém que se encaixa nessa descrição?". Praticamente o auditório inteiro levantou as mãos. ("Humm, parece que eu recuperei a atenção deles", pensei.)

"Agora, sem rodeios, que adjetivos vocês dariam a uma pessoa como essa?", perguntei. "Eu dou o pontapé inicial com 'negligente'".

"Preguiçoso", "indisciplinado", "sem ética", "comportamento típico do milênio" (risadas confirmaram este último), "lesado", completaram os membros da plateia.

"Agora, imagine que seja segunda-feira de manhã e você lhe pergunte: 'Você preparou os documentos para o portador entregar no cartório na quarta-feira?', e que ele responda: 'Não'. Quantos de vocês novamente pensariam em algo como 'incompetente'?" Mãos se levantaram por todo o auditório.

"E o que você faria em seguida? Perderia o controle e começaria a gritar ou a fazer exigências? Reclamaria com o chefe? Diria a alguém em seu escritório que não deseja mais trabalhar com aquela pessoa? Ou apenas se afastaria, aborrecido, zangado com a péssima qualificação do pessoal de sua empresa?", perguntei.

Percebi nas feições que havia acertado. É claro que muitos desses profissionais sentem essa frustração diariamente. E porque eu os estava espelhando com precisão, eles estavam aceitando o que eu dizia... até aquele ponto.

"Agora, considerem o seguinte. Suponhamos que você pergunte calmamente: 'Por que você não preparou os papéis?', e o rapaz comece a chorar e responda: 'Na verdade, eu trabalhei neles o fim de semana todo. Estava tudo certo para entregá-los para você esta manhã – e tudo *vai* estar pronto hoje, até o fim do dia, mas meu avô, que sofre de Alzheimer, me ligou chorando a noite passada. Ele disse que minha avó tinha sofrido um AVC e estava sendo levada em uma ambulância para o hospital. Meus pais já morreram e eu sou a única pessoa que pode cuidar dos meus avós. Por isso, eu larguei tudo para cuidar das coisas e não dormi a noite inteira. Sei que essa não é a primeira vez que eu vacilo – mas tem sido muito difícil cuidar dos dois e, às vezes, fico sobrecarregado'."

"Isso mudaria a reação e o pensamento de vocês sobre a pessoa?", perguntei.

Formou-se um burburinho – o som de mentes mudando de opinião. "É claro", responderam vários deles.

"Bem, então, caso encerrado", falei. "Vocês *não* ouviram. O que vocês fizeram foi o que todos nós fazemos. Reuniram algumas informações de suas primeiras interações com determinada pessoa, tiraram conclusões e formaram percepções que se ligaram a palavras como: 'preguiçoso', 'negligente', 'sem ética' e 'incompetente'. Essas palavras se tornaram um filtro através do qual vocês ouviram sem escutar".

A solução, expliquei: "Livrem-se do filtro. As coisas que vocês pensam que já sabem a respeito de alguém – preguiçoso, incompetente, chorão, hostil, impossível – estão, na verdade, bloqueando o que vocês precisam saber. Removam esse bloqueio mental e estarão prontos para começar a acessar pessoas que consideravam inacessíveis".

"Mas eu OUÇO... Ou não?"

Neste momento, você deve estar dizendo: "Mark, tudo o que eu faço é ouvir. Eu ouço nas reuniões. Ouço meus colegas de trabalho. Ouço minha esposa ou meu marido. Ouço meus filhos. Ninguém nunca cala a boca".

E tudo isso é verdade. Mas o problema é que enquanto você está ouvindo, não está *escutando*, não importa o quanto suas intenções sejam boas e o quanto você se esforce. E a razão é que seu cérebro não permite que você faça isso.

Lembra-se do cérebro trino a respeito do qual falei anteriormente – o cérebro de mamífero sobre o reptiliano e o cérebro humano sobre o mamífero, cada qual construído sobre aquele que veio antes na evolução? Os julgamentos instantâneos que fazemos sobre as pessoas são semelhantes, pois também se baseiam no passado. Isso não significa que eles estão completamente errados. (De fato, a "intuição" geralmente acerta na mosca.) Mas isso não significa que eles estejam totalmente certos.

Os profissionais da conferência que mencionei, por exemplo, imediatamente formaram a opinião de que o auxiliar de escritório era um "lesado". Não lhes ocorreu que o comportamento daquela pessoa poderia ter uma explicação diferente. Por quê? Porque eles sempre ouviram que as pessoas que não fazem bem seu trabalho são "preguiçosas", "indolentes" ou "lesadas". Como o colega se encaixava no padrão, usaram os mesmos rótulos – e esses rótulos se fixam.

Nossas percepções ficam presas dessa forma rígida por um motivo simples: o novo aprendizado se baseia no aprendizado anterior. Nós andamos depois que aprendemos a engatinhar. Corremos depois que aprendemos a andar. Digitamos sem esforço com os polegares em nossos celulares porque já nos atrapalhamos com aquele tecladinho por meses. Podemos dirigir no piloto automático porque nosso cérebro se lembra de como fizemos isso antes.

Da mesma maneira, julgamos alguém instantaneamente porque confiamos em tudo que ouvimos ou descobrimos sobre as pessoas no passado. E então nos prendemos a essa percepção para sempre e visualizamos todas as interações com aquela pessoa através desse filtro, pois – novamente – foi o que aprendemos a fazer.

O problema é que apesar de acreditarmos que nossas primeiras impressões sobre alguém sejam baseadas apenas em lógica, elas não são. Na realidade, elas são uma mistura confusa de verdades conscientes e inconscientes, ilusão e preconceito. Assim, desde o começo, estamos lidando com uma criação fictícia – e não com a pessoa real. Ainda assim, essa primeira impressão irá colorir nossos sentimentos a respeito dela por meses ou anos. E também afetará nossa forma de ouvir aquela pessoa, porque iremos distorcer tudo o que ela disser para encaixar em nossas impressões preconcebidas.

QUANTOS FILTROS VOCÊ TEM?

Meu amigo Rick Middleton, fundador da empresa de comunicação Executive Expression, em Los Angeles, utiliza o modelo GGNNE para descrever como encaixamos as pessoas em arquivos mentais mesmo antes de conhecê-las. Rick afirma que, sem nos darmos conta,

categorizamos as pessoas instantaneamente de acordo com a seguinte ordem:
Gênero
Geração (idade)
Nacionalidade (ou etnia)
Nível de educação
Emoção

A sequência segue nessa ordem, porque observamos, em primeiro lugar, gênero, idade e nacionalidade de uma pessoa, percebemos seu nível educacional em segundo e seu nível emocional em terceiro. Mantenha o modelo GGNNE em mente e ele o ajudará a detectar filtros subconscientes que o impedem de ouvir – e impactar – outras pessoas.

Por que nossas mentes trabalham dessa maneira que parece não ter lógica? Porque, na maioria das vezes, formar opiniões rígidas sobre pessoas realmente funciona. Por exemplo, imagine-se embarcando em um vagão de metrô lotado. Sua primeira impressão lhe dirá para ficar longe de um cara sujo com um olhar estranho, para se sentar ao lado da senhora idosa com uma bolsa de tricô, e evitar o contato visual com um adolescente de aparência hostil e maquiagem gótica. Individualmente, cada uma dessas conclusões pode estar errada – o adolescente gótico pode muito bem ser um garoto brilhante e sensível que precisa de um sorriso, o cara estranho pode ser um excêntrico inofensivo e a vovó pode ser uma terrorista – mas você não tem tempo para analisar cada pessoa que encontra. Em vez disso, seu cérebro se baseia em experiências passadas e no instinto inato de tomar decisões rápidas que podem salvar sua vida.

Ser um analisador rápido não é algo ruim. Só se torna ruim se sua análise rápida for imprecisa e levá-lo a conclusões erradas. Infelizmente isso acontece conosco todos os dias, pois nosso cérebro é muito melhor em tirar conclusões do que em voltar atrás para analisá-las.

> Perceber é acreditar.
> Perceber mal é se deixar enganar –
> E, ainda pior, nos impede de alcançar.

A solução? *Pense sobre o que está pensando.* Quando você analisa conscientemente as ideias que formou sobre alguém e as avalia em comparação com a realidade, pode reconectar seu cérebro e criar percepções novas e mais precisas. Então, estará se comunicando com a pessoa que está realmente diante de você – e não com um personagem fictício idealizado por suas falsas percepções.

Para ver esse processo em ação, vamos voltar aos profissionais da conferência e sua frustração com o auxiliar de escritório "lesado". Inicialmente, a maioria desses profissionais olhou de forma rígida para o jovem: trabalho de má qualidade + desculpas/ ficar na defensiva/ se justificar = lesado = por que se preocupar em dedicar algum tempo ou esforço para lidar com essa pessoa? Mas quando pedi a eles para imaginarem que um "incompetente" poderia ter um motivo real para seu desempenho abaixo do esperado, eles foram forçados a desfazer seus preconceitos arraigados. Essa atitude, por sua vez, forçou-os a criar uma compreensão nova e mais precisa a respeito da pessoa que antes haviam descartado.

Quão bem você conhece as pessoas?

Você pode dizer: "Isso tudo é muito bom. Mas, e as pessoas que já conheço há anos? Eu não tenho falsas ideias a respeito delas. Na verdade, eu as conheço tão bem quanto a mim mesmo".

Minha resposta é: "Não – você não conhece". Todas as semanas eu lido com pessoas que moram ou trabalham juntas há décadas. Frequentemente, elas não fazem a menor ideia do que leva o outro a agir de determinada forma. Como resultado, elas confundem insegurança com arrogância, medo com teimosia, e raiva de verdade com "ele é só um idiota". E discutem, persuadem, intimidam e brigam entre si, sem nunca de fato dialogarem – quando tudo o que precisam é ver o que realmente está diante delas.

O Sr. e a Sra. Jackson são um bom exemplo. Eles estão casados há 55 anos, e vieram me ver por insistência da Sra. Jackson quando suas brigas atingiram tal intensidade que o marido disse friamente: "Então, por que você simplesmente não vai embora?".

Ele já havia dito isso muitas vezes antes, mas, por algum motivo, dessa vez a esposa ficou magoada e zangada, fez as malas dele e lhe disse para sair. E dessa vez ela não voltou atrás. O Sr. Jackson sentiu um certo pânico pois, aos 82 anos de idade, ele era muito dependente dela. Ela disse que só reconsideraria se eles conversassem com um conselheiro matrimonial.

Ao ouvi-los, ficou claro que na verdade eles ainda se amavam – mas haviam parado de *gostar* um do outro. Depois de vinte minutos, eu já tinha ouvido o bastante e disse: "Parem!".

Desconcertados, os dois ficaram em silêncio. Eu falei à Sra. Jackson: "Você sabia que o seu marido acha que ter se casado com você foi a melhor coisa que ele já fez?".

A mulher, surpresa, disparou: "O quê?".

Sem perder tempo, o Sr. Jackson confirmou: "Ele está absolutamente certo. Eu provi as necessidades da casa, mas ela me deu um lar. Sem ela, eu não pertenceria a lugar nenhum e não teria qualquer relacionamento com os nossos filhos porque, como engenheiro, não sou muito bom em me comunicar".

A Sra. Jackson parecia estupefata. Voltei minha atenção para o marido e perguntei: "E quanto a você, sabe que a sua esposa o considera o melhor homem que ela já conheceu?".

Pensei que a mandíbula dele fosse cair. "Você só pode estar brincando, ela está sempre me criticando a respeito de alguma coisa e me dizendo o que fazer e o que não fazer", respondeu perplexo.

"Cem por cento correto", concordou a mulher. "Ele é o melhor homem que eu já conheci. É verdade que ele não é muito comunicativo, mas nunca foi de beber ou sair com outras mulheres. E trabalhou duro em um emprego do qual não gostava para sustentar a mim e às crianças."

"Mas e quanto a todas as suas críticas?", interveio o Sr. Jackson.

A esposa respondeu: "Eu critico todo mundo. Isso também deixa nossos filhos enlouquecidos, mas, como eu digo, ele é provavelmente a melhor coisa que aconteceu na minha vida".

Imagine um casal que ouviu, mas não escutou, por décadas! Infelizmente, cada qual se sentia apenas tolerado quando, de fato, era estimado. E veja o que aconteceu quando eles finalmente *ouviram*. Ao chegarem, estavam tão zangados que mal conseguiam se encarar, mas saíram se olhando como duas pessoas que haviam acabado de se apaixonar. E tudo o que precisaram fazer foi ouvir um ao outro por alguns minutos – algo que não fizeram por mais de cinco décadas.

Depois de mais de meio século vivendo juntos, os Jackson conheciam milhares de coisas um sobre o outro. Ele sabia que tipo de ketchup ela gostava. Ela sabia o nome do cachorro dele na infância. Eles conheciam os problemas de saúde, hábitos no banheiro e programas de TV favoritos um do outro. E, ainda assim, quando se tratava de algo importante, eram completos desconhecidos.

O que isso lhe diz? Que você provavelmente sabe muito menos do que pensa a respeito da pessoa que quer impactar, seja ela nova na sua vida ou alguém que conhece desde sempre. Que aquilo que você *pensa* que sabe pode estar muito errado. E que impactar as pessoas não significa apenas abrir a mente delas para você, mas também reconectar-se a si mesmo e assim poder vê-las como elas realmente são.

Então, quando encontrar pessoas problemáticas, compreenda que há um motivo para que se comportem dessa maneira. Pode ser um problema novo: um susto relativo à saúde, adversidades financeiras ou pressão no trabalho. Ou algo que já existe há muito tempo: ansiedade por não ser competente o bastante para um emprego, raiva por não ser respeitada, medo de que você não a considere atraente ou inteligente. E, sim, pode ser que sejam de fato apenas idiotas (mas, normalmente não são). Abra sua mente, procure os motivos por trás do comportamento, e você vai dar o primeiro passo para derrubar barreiras e se comunicar com pessoas "impossíveis".

INFORMAÇÃO ÚTIL
Se quiser abrir canais de comunicação, abra sua mente primeiro.

ETAPA DE AÇÃO
Pense em uma "pessoa problemática" que você não conhece muito bem – alguém que perde prazos, explode sem motivo aparente, age de maneira hostil, é supersensível a críticas te enlouquece. Faça uma lista mental de palavras que usaria para descrevê-la: preguiçosa, descuidada, grosseira, idiota etc.

Agora, pense em cinco segredos que poderiam estar por trás do comportamento dela (por exemplo, "essa pessoa está aflita por causa de uma doença", "está com medo de não ser respeitada por causa de sua idade", "está tentando parar de beber e tem tido dias ruins", "sofre de transtorno de estresse pós-traumático", "foi enganada pelo antigo sócio e agora não confia nas pessoas"). Veja como seus sentimentos em relação a essa pessoa mudam em cada hipótese que imaginar. Depois de usar esse exercício para abrir sua mente, marque uma reunião ou um almoço com ela – e veja se consegue descobrir o real motivo para o comportamento que ela apresenta.

5. FAÇA COM QUE A OUTRA PESSOA "SINTA-SE VISTA"

"Pessoas autorrealizadas possuem um profundo sentimento de identificação, simpatia e afeição pelos seres humanos em geral. Elas sentem afinidade e conexão, como se todos os indivíduos fossem membros de uma única família."
— Abraham Maslow, psicólogo

"Quanto tempo mais isso vai demorar? Tenho coisas melhores para fazer", resmungou Hank, o sócio de cabelos grisalhos de um prestigiado escritório de advocacia especialista no ramo de entretenimento, em Los Angeles.

Fui chamado para conciliar o relacionamento entre Hank e Audrey, outra sócia. Audrey, cujo nome aparece primeiro na fachada, foi quem trouxe a maior parte dos clientes para o escritório. Ela era uma boa advogada, mas realmente se destacava captando novos clientes. Hank era um advogado brilhante, mas preferia fazer qualquer outra coisa a ter longas conversas para conquistar clientes.

Infelizmente, em vez de admirar o talento dela, ele a via como uma tagarela que geralmente cansava a todos com seu excesso de empolgação depois de participar de algum evento, aparecer na TV ou ser entrevistada por uma revista ou jornal. Para agravar o problema, ela desejava a admiração de Hank mais do que de qualquer outra pessoa do escritório, um reflexo da expectativa nunca correspondida do apreço de seu pai.

A teimosia de Hank originava-se, em parte, de seu passado. Sua mãe, uma pessoa emocionalmente opressora, havia tornado sua vida insuportável, bem como a de seu pai e seus irmãos. Quando Hank saiu de casa, jurou que nunca deixaria que alguém o arrasasse assim outra vez. E era isso o que sentia em relação a Audrey.

Em casos compartilhados, era importante que trabalhassem juntos de forma mais cooperativa, especialmente porque seus atritos repercutiam no restante do escritório, desviando a atenção de todos.

Meu trabalho era fazer com que esses dois conversassem, e trabalhassem, como uma equipe.

No momento, essa era uma batalha difícil. O diálogo entre os dois continuava cada vez mais tempestivo, com a voz de Audrey tornando-se estridente e acusadora. Hank a diminuía diante dos outros, contou ela. E debochava de seus comentários, fazendo-a se sentir humilhada.

O sócio vociferou sarcasticamente: "Ei, ela não precisa de nenhuma ajuda minha para se humilhar. Ela faz um ótimo trabalho sozinha".

"Olha só! O que foi que eu disse?", replicou Audrey.

As reclamações de Audrey prosseguiram por vários minutos, com Hank olhando alternadamente para o teto e para o relógio e repetindo diversas vezes: "Eu *realmente* tenho muito trabalho a fazer. Posso sair agora?".

Um dos serviços que presto a empresas é o que eu chamo de "Alugue um Adulto". Àquela altura, eu certamente era o único adulto na sala.

Ao observá-los, percebi que o problema não era a crença de Audrey de que Hank se recusava a ouvi-la. Nem mesmo o desrespeito dele era a resposta completa. O ponto era que Audrey não se sentia "vista". Quando compreendi isso me perguntei o que ela estaria sentindo, e de repente percebi.

Interrompi os dois. Olhei para Hank e perguntei: "Você sabe que Audrey sente que você a considera inteiramente repulsiva a maior parte do tempo?".

No alvo. As comportas se abriram e ela começou a chorar tanto que não conseguia mais se envolver naquela discussão estúpida e sem propósito. Seus soluços revelaram uma dor enorme, mas ao mesmo tempo alívio e a percepção de "sentir-se vista".

Com o final repentino do cabo de guerra, Hank ficou desarmado e foi sincero. "Olha", disse ele, "eu não acho que ela seja repulsiva. Ela é responsável por conquistar clientes incríveis e ganhar muito dinheiro para o escritório. É uma das melhores advogadas de desenvolvimento empresarial dessa cidade, algo em que eu sou péssimo e me sinto infeliz quando faço". Ele repetiu, "Eu *não* acho que ela seja repulsiva. Eu até gosto dela. É que às vezes ela entra aqui tão acelerada que perturba todo o andamento do escritório. E eu... bem, você pode notar... prefiro que haja mais ordem". Ele olhou para a sócia, cuja tempestade de lágrimas estava começando a passar, e disse: "Audrey, sério... eu não acho que você seja repulsiva. É só que de vez em quando você me deixa louco".

Olhei para Audrey e perguntei: "E que qualidades você vê em Hank que poderiam redimi-lo?".

Ela respondeu: "Ele é um dos advogados mais inteligentes que conheço. Mesmo sendo rabugento a maior parte do tempo, ele consegue avaliar o que há de errado em qualquer caso e reorientar qualquer advogado do escritório, inclusive eu, para a direção mais acertada. Acho que é por isso que é tão importante para mim que ele me veja como uma advogada competente".

Com esses dois abalos sísmicos, a tensão começou a passar e um pouco do afeto que ambos sentiam por baixo de sua raiva começou a se manifestar. Em alguns minutos, eles passaram de resistir ("eu te odeio") para considerar ("talvez possamos nos dar bem") do Ciclo de Persuasão.

Hank, então, acrescentou: "Audrey, você é uma boa advogada" – e então sorriu, incapaz de fazer um elogio sem criticar algo – "só que às vezes você consegue ser um verdadeiro pé no saco".

"Você tinha que dizer isso, não é?", apontei, em resposta ao comentário sarcástico dele.

Em um momento de humildade, Hank respondeu: "Assim como uma zebra não pode mudar suas listras, não se pode mudar um idiota".

Depois dessa chance que tiveram de desabafar e respirar, eles atingiram o ponto em que poderiam se comprometer a melhorar sua comunicação. Para Hank, isso significava ser menos corrosivo; para Audrey, significava se acalmar antes de entrar no escritório, controlando a adrenalina das conquistas que a deixavam frenética. O resultado: um escritório mais cooperativo e produtivo e menos tempo gasto em disputas internas.

A história de Audrey e Hank é tão comum que é quase universal. Observe em seu local de trabalho e você provavelmente verá pelo menos uma dupla de pessoas inteligentes e altamente competentes que não suportam sequer estar no mesmo ambiente juntas. Olhe mais acima e é possível que veja um CEO que trata os membros dedicados de uma equipe como inimigos e que tem uma taxa de rotatividade de pessoal astronômica. Se você atua na área de vendas ou atendimento ao consumidor, pense nos clientes que parecem mais interessados em fazê-lo se sentir péssimo do que em obter o serviço. Em cada um dos casos, observe atrás da fachada e provavelmente perceberá uma deficiência no "sentir-se visto". Com isso será possível encontrar uma oportunidade de resolver as coisas.

Por que "sentir-se visto" muda as pessoas?

Fazer alguém "se sentir visto" significa simplesmente colocar-se no lugar da outra pessoa. Se conseguir isso, pode mudar a dinâmica do relacionamento em um piscar de olhos. Nesse instante, em vez de tentar tirar proveito um do outro, vocês se "conectam" e esse avanço pode levar à cooperação, colaboração e comunicação – o que será realmente eficaz.

Na verdade, esse ponto crucial de empatia pode ter acabado com a Guerra Fria. No que é hoje um momento lendário, as conversas do então presidente Ronald Reagan com o presidente soviético Mikhail Gorbachev pareciam estar estagnadas quando Reagan enxergou além do rosto obstinado do adversário e viu um líder que realmente amava seu povo. Em um momento genial de simplicidade, ele disse a Gorbachev para "chamá-lo de Ron" (em vez de "Vamos continuar nossa briga de presidente contra presidente, mantendo essa queda de braço sem chegar a lugar nenhum"). Gorbachev não apenas aceitou a sugestão como também se juntou a Reagan, colocando um ponto-final na Guerra Fria. Essa foi uma "adesão" de proporções globais!

Uma explicação para a eficácia de fazer com que a outra pessoa "sinta-se vista" está nos neurônios-espelho dos quais falei anteriormente. Quando você espelha os sentimentos de alguém, forma-se uma conexão que faz com que ele também espelhe os seus. Diga "Eu entendo o que você está sentindo", e ele ficará agradecido e expressará espontaneamente essa gratidão com o desejo de compreendê-lo em troca. É uma necessidade biológica irresistível e que o empurra em direção a você.

Apesar do poder desse movimento, as pessoas geralmente resistem a usá-lo, pois hesitam em tocar nos sentimentos pessoais dos outros, especialmente no trabalho. Mas, se o seu relacionamento com alguém parece estagnado, fazer com que a outra pessoa "sinta-se vista" é a melhor tentativa para conseguir um avanço.

Usei essa abordagem recentemente em uma reunião com John, um homem de 45 anos cuja rispidez beirava a agressividade.

John era o CEO de uma empresa listada na Fortune 1000. Ao se fundir a outra menor, a cúpula da empresa recém-formada precisava realizar grandes mudanças – isso provocou uma resistência da base. Uma das minhas especialidades é ajudar no gerenciamento de turbulências nas transições, por isso ofereci meus serviços a eles.

Antes disso, John havia contratado uma importante firma de consultoria para a mesma tarefa. Fizeram considerações que pareciam maravilhosas no papel, mas provaram ser completamente impraticáveis. John escapou ileso do desastre por ter usado o modelo de estratégia básica para "salvar a própria pele": contratar uma consultoria de prestígio e, se tudo desse errado, poderia dizer: "Não me culpem, afinal eles deveriam ser os especialistas". A boa notícia é que ele não ficou em apuros. A má notícia é que ele ainda precisava resolver o problema, e agora tinha um orçamento menor – motivo pelo qual estava falando comigo.

Eu conhecia o histórico e senti as emoções que estavam por trás do antagonismo secreto de John. Na verdade, eu mesmo já as experimentara uma ou duas vezes. Por isso, em vez de iniciar minha apresentação, fiz uma pausa e disse: "Você já se queimou antes, não foi?".

"O quê?", replicou ele, completamente surpreendido por minha abordagem. Repeti: "Você já ouviu coisas antes de consultores que não cumpriram suas promessas. Talvez tenha tido alguns apertos ao explicar para um chefe por que suas decisões não deram certo. E, depois de ter escapado por um triz dessas situações, você disse a si mesmo: 'Nunca mais vou me colocar em uma posição tão vulnerável outra vez'. Agora você não tem certeza se o que eu estou oferecendo irá trazer os resultados que estou prometendo. Não é verdade?".

Ele concordou, assentindo timidamente, sem dúvida lembrando-se de algumas dessas situações e agora se rendendo ao fato de que não podia se esconder de mim.

"Não se preocupe", tranquilizei-o. "Todo mundo toma decisões das quais se arrepende. Eu *tomei* decisões das quais me arrependo". Ele assentiu levemente.

"Então vamos fazer um acordo", continuei. "Sabendo como é acreditar em promessas que não foram cumpridas – *e* sabendo como é horrível – eu nunca faria isso com ninguém. E se eu fizesse isso com você, acho que deveria vir atrás de mim. Agora, com isso esclarecido, sempre há obstáculos no caminho quando trabalho com uma empresa. Geralmente, trata-se de a empresa concordar conceitualmente com algo que acaba não sendo viável. Quando isso acontece, a melhor maneira de resolver é...", e expliquei como iríamos solucionar todos os problemas.

Resumindo... consegui o contrato.

Por quê? Algo que sei a respeito de pessoas aparentemente seguras e, em especial, aquelas que trabalham em grandes empresas, é que geralmente elas têm mais medo de errar do que vontade de acertar. (Principalmente gerentes ou CEOs na casa dos 40 anos, ainda mais se forem homens.) Isso porque elas têm medo de serem criticadas se as coisas derem errado e do impacto que algo assim pode exercer em sua autoestima.

Quando essas pessoas cometem um erro e se sentem criticadas ou envergonhadas em público e humilhadas intimamente, elas em geral prometem a si mesmas: "Nunca mais me colocarei em uma posição vulnerável como essa". Inconscientemente, isso as deixa travadas quando têm que tomar uma nova decisão que possa vir a ser um erro.

É essencial saber disso, principalmente quando se faz uma apresentação clara, concisa e bem fundamentada para alguém que aparenta concordar, mas que depois não a aprova. Nesse ponto, a maioria dos vendedores ou gerentes tenta obter mais objeções para que possa superá-las. Às vezes funciona, mas frequentemente não. Isso porque o que o outro está pensando, mas não está lhe dizendo é: "Tenho pavor de cometer um erro".

Ao abordar essa questão de frente, mostrando que compreende e aceita como ele se sente e que já sentiu o mesmo, você faz com que esse cliente assustado "sinta-se visto". Ao "sentir-se visto", ele se sente menos só e, ao se sentir menos só, fica menos ansioso e assustado – e assim ele se abre para a mensagem que você está tentando passar. Ele muda de defensivo ("Afaste-se!") para lógico, capaz de ouvir sua mensagem e ponderá-la de forma mais racional.

Os passos para fazer com que a outra pessoa "sinta-se vista"

Você pode estar pensando: "Mark, isso tudo é fácil para você que é um psiquiatra com trinta anos de experiência". Minha resposta é: "Não se engane. Você não precisa de um diploma de medicina para realizar algo tão simples". Veja a seguir tudo o que precisa fazer.

1. Atribua um sentimento ao que você esteja percebendo na outra pessoa, como "frustração", "raiva" ou "medo".
2. Diga: "Estou tentando entender o que você está sentindo e acho que é...", completando com o sentimento. "Estou certo? Se não é isso, então o que você *está* sentindo?" Aguarde a outra pessoa concordar ou corrigir você.
3. Em seguida, pergunte: "Quão frustrada (zangada, aborrecida etc.) você está?" Dê tempo a ela para responder. Esteja preparado, pelo menos no início, para uma torrente de emoções – especialmente se ela estiver guardando há anos essa frustração, raiva ou medo. Este não é o momento para revidar ou expor suas próprias queixas.
4. Então, prossiga: "E o motivo pelo qual você está tão frustrada (zangada, aborrecida etc.) é...?" Mais uma vez, deixe que ela desabafe.
5. Depois, fale: "Diga o que precisa acontecer para que esse sentimento melhore".

6. A seguir, questione: "O que devo fazer para que isso aconteça? E o que você pode fazer para que isso aconteça?".

Esse roteiro não é fixo. Use essas perguntas como um ponto de partida e siga para onde a conversa levar. Eis um exemplo:

> **Carmen está tentando descobrir por que sua funcionária Debbie está atrasando um importante projeto:** Debbie, percebi que você está preocupada por eu ter lhe pedido para assumir esse projeto.
> **Debbie:** Bem... Sim, acho que estou.
> **Carmen:** Estou tentando ter uma noção do que você está sentindo e me perguntando se é um pouco de medo de tentar algo tão novo e diferente. É isso?
> **Debbie (começando a desabafar):** Eu estava com receio de dizer alguma coisa, mas... você sabe, não sou especialista em gráficos, e é tanta coisa para aprender de uma só vez. E é muita pressão, a babá do Johnny acabou de se demitir e as coisas estão uma loucura em casa, e... acho que estou me sentindo sobrecarregada. Sei que é uma grande oportunidade, mas estou com medo de estragar tudo.
> **Carmen:** Posso ver que é realmente muita coisa para lidar ao mesmo tempo. Estou pensando no que pode ser feito para tornar isso mais fácil para você. Ajudaria se eu pedisse ao Theo para lhe dar umas aulas de como usar o InDesign? Ele é muito bom nisso.
> **Debbie:** Ajudaria muito. Eu me sentiria mais segura se não precisasse aprender tudo sozinha.
> **Carmen:** Ótimo. Vou pedir a ele. Há algo mais que facilitaria assumir esse projeto?
> **Debbie, relaxando e começando a pensar de forma positiva a respeito de seu novo papel:** Gostaria de fazer um curso de projetos gráficos e layout se você quiser que eu faça mais trabalhos como esse. Você acredita que haja alguma verba para isso no orçamento?

Às vezes, a resposta de outra pessoa – quando tocada em algum sentimento intenso – irá surpreender você.

Anos atrás, passei meses tentando marcar uma reunião com um CEO e, quando finalmente consegui, ele estava distraído e frio. Frustrado, eu finalmente soltei: "Quanto tempo você tem para conversar comigo?".

Ele me olhou com uma expressão que dizia: "Não sei, mas já está quase acabando!" Pensei que ele fosse me expulsar de lá naquele exato momento, mas tateou em busca de sua agenda e, de uma maneira claramente ofendida, respondeu: "Vinte minutos".

Respirei fundo. "Olhe", eu disse, "o que tenho a lhe dizer vale sua atenção total, o que você não pode me dar porque há algo em sua mente que é muito mais importante do que conversar comigo. Então, vou lhe propor um trato. Vamos parar agora, depois de três minutos, e reagendar nossa reunião para quando você puder me dar toda a sua atenção, mas use os dezessete minutos restantes para cuidar do que quer que esteja ocupando sua mente, porque não é justo que seu pessoal, ou quem quer que seja, nem eu ou mesmo você –, não possa ser ouvido".

Fez-se um silêncio carregado e então ele olhou direto para mim – estava completamente atento agora – e seus olhos ficaram marejados. Ele disse: "Você só me conhece há três minutos e, como eu sou muito reservado em relação a assuntos pessoais, existem diversas pessoas ao meu redor que me conhecem há dez anos e que não sabem o que você sabe. *Existe* algo que está me incomodando. Minha esposa está fazendo uma biópsia e as coisas não parecem boas. Ela é mais forte do que eu e me disse que seria melhor vir trabalhar. Por isso estou aqui, mas não estou realmente aqui".

Eu respondi: "Lamento ouvir isso. E talvez você *não devesse* estar aqui".

Então, como um cachorro molhado sacudindo seu pelo, George prosseguiu: "Não. Não sou *tão* forte como minha mulher, mas *sou* forte. Servi duas vezes no Vietnã. É melhor estar aqui e cuidar do trabalho. Você tem minha total atenção *e* os seus vinte minutos completos".

Qual é a moral dessa história? É fácil se concentrar tanto em obter algo de alguém – mais trabalho de algum colega, mais respeito do chefe, a venda para um cliente – a ponto de esquecer o fato de que dentro de toda pessoa há um ser real que é tão assustado, nervoso ou necessitado de empatia como qualquer outro. Se ignorar os sentimentos dele, você continuará batendo no mesmo muro de raiva, rivalidade ou apatia. Por outro lado, faça com que ele "se sinta visto" e é bem provável que você se transforme de um estranho ou inimigo em um amigo ou aliado. O resultado será menos teimosia, menos barreiras e mais apoio – e você conseguirá transmitir sua mensagem.

Se isso parece simples demais para ser verdade, experimente. Vai se surpreender.

INFORMAÇÃO ÚTIL
Dentro de cada pessoa – não importa o quanto seja importante ou famosa – existe um ser real que precisa "sentir-se visto". Satisfaça essa necessidade e você irá se transformar em um amigo ou aliado.

ETAPA DE AÇÃO
Pense em alguém com quem você está tentando fazer contato e que inventa desculpas ou se recusa de alguma maneira. Coloque-se no lugar dele e pergunte a si mesmo: "O que eu estaria sentindo se estivesse no lugar dessa pessoa? Frustração? Medo? Raiva?".

Aproxime-se dele e diga: "Preciso falar com você. Eu estava tão ocupado me sentindo aborrecido com você e agindo de maneira impaciente e irritada que, em vez de me colocar no seu lugar, eu o atropelei. Quando parei de fazer isso vi que, se fosse você, eu me sentiria frustrado (assustado, zangado etc.). É isso mesmo?".

Quando o outro lhe disser o que sente, descubra o que está causando aquele sentimento e o que precisa mudar para que ele se sinta melhor e você alcançará ainda mais.

6. SEJA MAIS INTERESSADO DO QUE INTERESSANTE

> "Tédio é o que acontece quando eu não consigo considerar alguém interessante."
> – Warren Bennis, presidente e fundador do USC Leadership Institute

Não nos tornamos reféns apenas de pessoas resistentes, intimidadoras, incômodas ou melindrosas, mas também de nossos próprios erros quando não conseguimos acessar pessoas que ou não nos conhecem bem ou não agem como se quisessem nos conhecer bem.

Alguma vez você pensou, insatisfeito: "Eu poderia conseguir alguma coisa se pelo menos pudesse despertar o *interesse* dessa pessoa". É exatamente sobre isso que estou falando. Mas, eis um fato: em sua afirmação está embutida a razão pela qual você não consegue acessar alguém.

Por quê? Porque está concentrando sua atenção no que dizer para fazer com que ela pense que você é legal, inteligente ou espirituoso. E esse é o seu erro, pois está se movendo de trás para a frente. Para entender o porquê, veja o que duas das mais bem-sucedidas pessoas do mundo fazem.

"Ouvinte atento" é um dos termos usados com mais frequência para descrever Warren Bennis, o presidente fundador do The Leadership Institute na Universidade do Sul da Califórnia. Warren é uma das pessoas mais interessantes que conheço, mas quando se está com ele – não importa se você é o manobrista ou o CEO do Google – ele está mais interessado em você.

Notei esse talento recentemente quando fui convidado para um jantar com alguns de seus amigos íntimos – todos inteligentes, atenciosos e empenhados. À medida que a noite avançava, o diálogo animado ia se tornando um debate acalorado. De um lado para o outro, essas pessoas geniais disparavam comentários umas às outras, chegando ao ponto em que eu observei que falavam muito mais do que ouviam.

Durante todo o tempo, Warren permaneceu sentado, bastante atento e sem dizer nada. Em certo momento, quando houve uma pausa na conversa, e as partes do debate pararam para recarregar sua munição verbal, Warren disse para o mais implacável dos participantes: "Bill, fale-me mais a respeito de sua observação sobre aquele filósofo". Sem entrar no debate e convidando um dos participantes para se expressar, ele mudou completamente a tônica da conversa e tornou-a melhor.

Jim Collins também é uma das pessoas mais interessantes que você poderia conhecer. Ele é o autor de *Empresas feitas para vencer*, um dos mais bem-sucedidos livros sobre negócios de todos os tempos, publicado em 35 idiomas. Recebeu o prêmio Distinguished Teaching, da Universidade de Stanford e já escalou o El Capitan – o que o tornou membro das maiores ligas de escalada em rochas. Entretanto, no artigo de 1º de dezembro de 2005 da revista *Business 2.0*, intitulado "Minha Regra de Ouro", Collins explica por que sua regra é não contar esses fatos interessantes a todos que conhece:

> Aprendi essa regra de ouro com o grande líder cívico John Gardner, que mudou a minha vida em 30 segundos. Gardner, fundador da Common Cause, secretário de Saúde, Educação e Bem-Estar durante o governo de Johnson e autor de clássicos como *Self-Renewal* [Autorrenovável], atuou nos últimos anos de sua vida como professor e conselheiro na Universidade de Stanford. Certo dia, no início de minha carreira docente – acho que em 1988 ou 1989 – Gardner me disse: "Ocorreu-me, Jim, que você passa muito tempo tentando ser interessante. Por que você não investe mais tempo em ser alguém interessado?".
>
> Se quiser ter uma conversa interessante durante um jantar, seja interessado. Se quiser escrever sobre coisas interessantes, seja interessado. Se quiser conhecer pessoas interessantes, seja interessado nas pessoas que conhece – suas vidas, suas histórias. De onde elas são? Como chegaram até ali? O que aprenderam? Praticando a arte de ser interessadas, muitas pessoas podem se tornar professoras fascinantes; quase todo mundo tem uma história interessante para contar.

O que homens sábios como Warren Bennis (e, sem dúvida, Dale Carnegie) sabem instintivamente, e o que indivíduos jovens e ambiciosos "mais inteligentes do que sábios", como Jim Collins e eu mesmo, ainda estamos aprendendo é que a maneira de realmente fazer amigos e influenciar as melhores pessoas é ser mais interessado em ouvi-las do que em impressioná-las.

Do ponto de vista da ciência, eis o porquê: quanto mais interessado você estiver na outra pessoa, mais diminui o déficit que ela tem de receptores dos neurônios-espelho – a necessidade biológica de ter seus próprios sentimentos espelhados pelo mundo exterior (veja o Capítulo 2). Quanto mais você fizer isso, mais o outro ficará agradecido e mais empatia sentirá por você. Então, para ser interessante, esqueça-se de ser interessante. Em vez disso, seja *interessado*.

O idiota "interessante"

Eis outro exemplo para ajudá-lo a entender a importância dessa regra. Imagine que é fim de ano, os e-mails não param de chegar e você está separando alguns para ler. Você abre o primeiro, que diz:

> *"Bob e eu levamos a família para Machu Picchu este ano – inesquecível!!! Agora estamos fazendo um curso de dança de salão e preparo de pão artesanal. Podem achar que somos loucos, mas não estávamos ocupados o bastante, mesmo com todo o nosso trabalho beneficente. (Fiquei surpresa quando o hospital me deu o prêmio Voluntária do Ano no mês passado!). Bob acabou de ser promovido a vice-presidente – o mais jovem na história da empresa. O time de futebol de Jessie ficou em primeiro lugar no torneio estadual, e quase explodimos de orgulho quando a pequena Brandy foi aplaudida de pé como a protagonista de* O Quebra-nozes *– ela com certeza tem os genes da família para as artes cênicas! Espero que esteja bem... adoraríamos encontrar você na próxima vez que estivermos na cidade..."*

Em seguida, você abre o e-mail de outro amigo. Nele está a seguinte nota:

> *"Oi, como estão as coisas? Nate e eu pensamos em você outro dia quando avistamos um velho jipe muito parecido com aquele seu na época da faculdade. O que você fez com aquela monstruosidade? (E como conseguiu sair com tantas garotas dirigindo aquela coisa?)*
>
> *Estamos querendo dar um passeio na cidade qualquer dia e levá-lo para almoçar. Adoraríamos ver as crianças também. A Lisa já se inscreveu na Julliard? Ouvimos sempre aquela gravação da apresentação dela no ano passado, e me arrepio todas as vezes. Que voz incrível – diga a ela que mal podemos esperar para vê-la na Broadway.*
>
> *Quanto a nós, as crianças estão bem, e Nate e eu ainda estamos trabalhando muito e ganhando pouco – mas ainda assim nos divertimos, seja como for. Boas festas – estamos com saudades!"*

Observe essas duas mensagens. Os primeiros ganham como os mais "interessantes" sem nenhum esforço, certo? Quer dizer, isso não é um concurso. Eles têm dinheiro. Têm hobbies legais. São inteligentes, viajados e, obviamente, muito bem-sucedidos. Em comparação, os que enviaram a segunda mensagem provavelmente levam uma vida bem comum. No jogo do "não somos interessantes?", eles obviamente deveriam perder.

Mas não perdem. Eles ganham – e com uma larga vantagem. Por quê? Porque eles estão interessados em *você*. Como resultado, você provavelmente responderá "sim" se eles te convidarem para almoçar. E o primeiro casal? Quando eles ligarem, é provável que você responda: "Sinto muito, estaremos fora da cidade esta semana", e dará um suspiro de alívio quando desligar. O erro fatal é que eles se esforçam demais para serem interessantes... e, como resultado, se tornam idiotas irritantes.

A mesma coisa se aplica quando você conversa com alguém pessoalmente. Quanto mais você tentar convencê-lo de que é genial, charmoso ou talentoso, mais provavelmente ele o considerará chato ou egocêntrico.

E isso ficará ainda mais claro se você atropelar as histórias dele, com pressa para contar as suas.

Concentrar sua energia em parecer mais interessante pode ser um tiro que sai pela culatra, ainda mais se você estiver tentando alcançar pessoas na estratosfera: como CEOs corporativos ou outros grandes empreendedores. Essas pessoas sabem de sua própria *relevância*, assim como a dos indivíduos que elas admiram. Se você se esforçar muito para impressioná-los, assim como os "novos ricos" – cujas demonstrações exageradas de posses irritam os "tradicionalmente ricos" –, os deixará irritados e eles se afastarão.

Não aja como se estivesse interessado – *esteja* interessado

Assim como não dá para fingir sinceridade, não é possível fingir interesse, por isso, nem tente. Quanto mais você quiser influenciar e impactar pessoas exigentes e bem-sucedidas, mais sincero deve ser seu interesse nelas.

Recentemente, eu estava almoçando com um profissional da área de seguros com mais de 30 anos de idade e uma advogada na faixa dos trinta. Ele fez todas as perguntas certas: "De onde você é?", "Como você começou a atuar nessa área?", "O que você gosta no que faz?", "Como seria o cliente ideal para você?".

Eu estava impressionado com as suas perguntas, e a jovem mulher as respondeu com entusiasmo. O único problema é que quando ele perguntava, não parecia sincero. Na verdade, ele parecia estar seguindo um roteiro aprendido em um curso de treinamento de vendas. Ele foi bem o bastante para ganhar a atenção da jovem e, de certa forma, inexperiente mulher que se juntara a nós, mas clientes mais maduros e consumidores em potencial, mais experientes – que normalmente têm detectores de mentiras bem refinados – teriam captado sua falta de sinceridade e o devorado no almoço.

Então, como fazer para dominar a habilidade de *ser interessado* – e ser sincero ao fazer isso? A primeira resposta é parar de pensar na conversa como uma partida de tênis. (Ele mandou a bola. Agora eu preciso rebater.) Em vez disso, pense nessa situação como um jogo de detetive, cujo objetivo é descobrir o máximo possível a respeito da outra pessoa. Entre na conversa sabendo que há algo muito interessante sobre aquela pessoa, e esteja determinado a descobrir o que é.

Desse modo, sua expectativa irá transparecer em seus olhos e linguagem corporal. Instintivamente, você fará perguntas que permitirão que ela desenvolva por completo uma história interessante, em vez de fazer comentários para tentar superá-la. E vai ouvir o que ela disser, em vez de pensar apenas no que vai dizer em seguida.

A segunda dica para ser interessante é fazer perguntas que demonstrem a sua vontade de saber mais. É claro que nem sempre é fácil fazer com que a pessoa se abra para que você *possa* permanecer interessado no que ela está dizendo. Em um ambiente de negócios, a melhor maneira é fazer perguntas como estas:

- "Como você entrou nesse ramo?" (O crédito dessa pergunta é do mediador Jeff Kichaven, de Los Angeles; ele diz que essa nunca falha em fazer com que as pessoas comecem e não parem de falar).
- "O que você mais gosta a respeito dele?"
- "O que você está tentando realizar que seja importante para sua carreira (negócios, vida etc.)?"
- "Por que *isso* é importante para você?"
- "Se conseguisse realizar o que deseja, o que isso significaria e o que permitiria que você fizesse?"

Em relacionamentos pessoais – em uma festa ou primeiro encontro, por exemplo –, perguntas como estas podem, muitas vezes, provocar uma resposta sincera:

- "Qual é a melhor (ou pior) parte de (ser técnico do time de futebol do seu filho, estar longe de casa etc.)?"

- "Que pessoa teve a maior influência na sua vida?"
- "É essa a pessoa a quem você é mais grato? Se não, quem é?"
- "Você já teve a chance de agradecê-la?" (Se ela perguntar "Por que você está me fazendo essas perguntas?", você pode dizer: "Percebi que dar às pessoas a chance de falar a respeito daquelas a quem elas são gratas revela o melhor delas").
- "Gostaria que você imaginasse que a vida é perfeita... Ok, me diga – o que você vê?" (O crédito dessa dica é da especialista em recursos humanos Monica Urquidi, de Los Angeles. Se o outro quiser saber o motivo da pergunta, explique: "Percebi que conhecer as esperanças e sonhos das pessoas me diz o que é importante para elas – é algo bom de saber, você não acha?").

Ao conhecer novas pessoas, procuro me envolver em conversas nas quais faço perguntas que suscitam respostas como: "Eu *sinto* x, eu *penso* y, eu *fiz* ou *faria* z". Sei que quando as pessoas me fazem perguntas que geram essas três respostas, eu me sinto "conhecido" por elas de uma forma que normalmente não acontece se estamos conversando apenas sobre o que sentimos *ou* o que fizemos ou faríamos. Muito do que somos é uma mistura do que sentimos, pensamos e fazemos, por isso, em conversas nas quais é possível expressar as três coisas, nós nos sentimos mais satisfeitos.

Eventualmente, uma de suas perguntas irá impactar seu interlocutor e você o verá inclinar-se para a frente, ansioso para lhe contar algo de forma entusiasmada. Quando isso acontecer, faça a coisa certa: fique quieto e ouça. E então, quando ele chegar ao final, faça outra pergunta que comprove que você ouviu (e se interessou) pelo que foi dito.

Por exemplo, se ele contar que o professor de matemática da faculdade teve uma enorme influência em sua vida e explicar o motivo, não responda começando um discurso a respeito de seus professores. Em vez disso, faça uma pergunta como: "Fiquei curioso – por que você optou por essa faculdade?" ou "O que aconteceu com esse professor? Vocês ainda mantêm contato?".

Outra forma de demonstrar seu interesse é resumir o que o outro disse. Por exemplo, se ele contou a história de uma viagem de férias que foi um pesadelo, nesse caso, repita alguns dos pontos impressionantes da história. "Minha nossa! Você quebrou a perna e ainda assim fez o voo? Inacreditável." (Se a conversa oferecer uma oportunidade, outra boa ideia é pedir conselhos: "Isso é incrível – você cultiva uma horta em casa? Diga-me: como você evita que o coentro floresça cedo demais?". As pessoas adoram dar conselhos, pois isso faz com que se sintam interessantes e sábias.)

Em determinado momento, se você estiver agindo com sinceridade e habilidade, a outra pessoa – que está agradecida por realmente estar sendo ouvida, o que quase *nunca* acontece neste mundo – provavelmente se voltará para você e dirá algo como "E você?".

E essa é a tão esperada vitória, pois naquele momento ela devolverá toda a atenção recebida se interessando por *você*.

"Eu tenho uma pergunta", falei, pouco antes de o moderador solicitar perguntas, e mesmo sem saber o que iria perguntar.

Fui participar de uma reunião da prefeitura na loja Staples, em Wilshire, região central de Los Angeles, com apenas um objetivo. Eu queria fazer a primeira pergunta para Tom Stemberg, fundador e CEO da Staples – uma que ele gostaria que eu fizesse, e que a audiência desejava ouvir.

Um de meus colegas de trabalho, Patrick Henry, professor da escola empresarial na Universidade do Sul da Califórnia e especialista em networking, afirma que uma das melhores maneiras de acessar uma pessoa importante é ser o primeiro a fazer uma pergunta depois que ela fala para um grande público. Segundo Patrick, a audiência irá apreciar sua coragem de ser aquele que quebra o gelo – e o orador, por sua vez, irá apreciá-lo por colocar "a bola em jogo" com uma boa pergunta, e por evitar aquela pausa constrangedora que pode acontecer quando há um período reservado para perguntas da plateia e ninguém se manifesta.

Entretanto, o truque é fazer a pergunta certa.

Sou bastante rápido, uma vez que já participei como convidado de mais de duzentos programas de televisão e rádio. Por isso, os cinco segundos que levaram para me entregar o microfone foram tempo suficiente para que eu formulasse minha pergunta. Pensei rapidamente, "Que pergunta a audiência e eu gostaríamos de ouvir e Tom apreciaria responder?" Assim que o moderador me entregou o microfone – era como se alguém estivesse me passando o bastão em uma corrida – tive a resposta: "Sr. Stemberg, se tivesse que fazer tudo outra vez, o que poderia tê-lo poupado de muitos aborrecimentos em sua carreira?".

Tom Stemberg é um empreendedor genial, mas naquele momento parecia um peixe fora d'água. No entanto, depois da minha pergunta, ele se animou, aceitando claramente o desafio.

E respondeu com entusiasmo: "Eu teria esperado mais tempo para obter dinheiro com capital de risco. Eu não havia percebido que quando se aparece com uma ótima ideia, e os investidores ouvem falar sobre ela, isso é um convite para muita concorrência. Se tivesse que fazer tudo novamente, eu adiaria isso e garantiria uma vantagem maior em vez de ter os 25 competidores que tivemos que vencer nos estágios iniciais de nossa empresa".

Outra pessoa queria fazer uma pergunta, mas Tom estava entusiasmado e pegou o microfone de volta. "Mais uma coisa", acrescentou ainda mais empolgado, "nós fomos mais tardios que nossos competidores para fazer entregas em domicílios e escritórios. Temos orgulho em customizar nossos produtos e serviços e devíamos ter pensado que secretárias provavelmente não gostam de subir vários lances de escada carregando caixas cheias de papel. Então, a Office Depot saiu na frente nesse quesito, mas logo chegaremos lá".

E, exatamente como Patrick previra, tanto a audiência como Tom apreciaram minha pergunta que quebrou o gelo, e ele falou diretamente comigo ao responder. Isso me deu a chance de ouvir mais respostas e de escrever para ele depois de sua palestra para que eu fosse lembrado.

Minha abordagem funcionou porque eu não fiz o que a maioria das pessoas faria. Não fiz uma pergunta para me fazer parecer legal, inteligente ou espirituoso. Em vez disso, perguntei algo que Tom gostaria de responder e que o tornaria interessante para o seu público. E isso me levou do que seria apenas mais um rosto na multidão para alguém que ele mesmo poderia considerar – ouso dizer? – *interessante*.

> **INFORMAÇÃO ÚTIL**
> O grau de sua autoconfiança depende do quão profunda e sinceramente você se interessa pelas outras pessoas; e o da insegurança, do quanto tenta impressioná-las consigo mesmo.
>
> **ETAPA DE AÇÃO**
> Primeiro, escolha duas ou três pessoas que você considera mortalmente entediantes e descubra algo fascinante a respeito delas.
> Agora, faça o oposto. Escolha alguém que considera interessante... uma pessoa da qual você gostaria de obter mais admiração e respeito. Quando surgir uma oportunidade, como uma festa ou reunião, faça perguntas destinadas a mostrar a ela que você é *interessado* em vez de *interessante*.
>   Rodada extra: Se você for casado, ou mora com alguém, na próxima vez que estiverem juntos em casa à noite, pergunte: "Qual foi o resultado daquele (projeto de trabalho, experiência culinária etc.) que você estava planejando fazer?". Isso vai mostrar que você não só se importa com seu parceiro, mas que também se preocupa em saber o que está acontecendo na sua vida – e se interessa por ele. Depois de fazer essa pergunta, surpreenda prestando atenção na resposta.

7. FAÇA AS PESSOAS SE SENTIREM VALIOSAS

"Todo mundo tem uma placa invisível pendurada no pescoço que diz: "Faça com que eu me sinta importante."
— Mary Kay Ash, fundadora da Mary Kay Cosmetics, Inc.

Vou começar este capítulo lhe dizendo duas coisas: algo que você já sabe e depois algo que parece loucura, mas não é – não mesmo. Pronto?

Eis o que você já sabe: pessoas precisam se sentir valiosas. Precisamos disso quase como de alimento, ar e água. Não basta que saibamos em nossos corações que somos valiosos, precisamos ver nossa importância refletida nos olhos dos que nos cercam.

Fazer com que as pessoas se sintam assim é diferente de fazê-las se sentirem vistas ou interessantes, pois dessa maneira elas são impactadas de forma ainda mais profunda. Com isso, você está dizendo ao outro: "Há uma razão para que esteja aqui. Há um motivo para você sair da cama todas as manhãs e fazer tudo o que faz. Há um motivo para você ser parte desta família, desta empresa, deste mundo. Sua presença aqui faz toda a diferença".

Ao fazer as pessoas se sentirem importantes, você dá a elas um presente que não tem preço. Em troca, elas geralmente estarão dispostas a ir até o fim do mundo por você. É por isso que, se o seu QI emocional for alto, você encontrará maneiras de mostrar àqueles que valoriza – pais, filhos, parceiro, chefe, colega de trabalho – o quanto eles são importantes, e que eles tornam seu mundo mais feliz, engraçado, seguro, menos estressado, mais divertido, menos assustador ou simplesmente melhor.

Agora, imagino que até aqui você concorda comigo. A maior parte do que eu disse é senso comum. Por enquanto, tudo bem.

Mas essa foi a parte fácil. Agora quero lhe dizer algo que você talvez tenha dificuldade de acreditar. Quero convencê-lo de que é sábio fazer todo o possível para que as pessoas mais difíceis de sua vida – as que reclamam de tudo, as chatas e as problemáticas – também se sintam importantes.

Você provavelmente está pensando: "Está louco? Por que eu iria querer que as pessoas que estragam minha vida se sentissem valiosas, quando não são?".

A resposta é simples. Uma coisa que esses indivíduos que exigem muita atenção, se aborrecem facilmente e são difíceis de agradar têm em comum é um sentimento de que o mundo não os está tratando bem o bastante. No fundo, eles não se sentem suficientemente importantes ou especiais para o mundo, em geral porque sua personalidade terrível os afastou do caminho do sucesso.

No Capítulo 2, falei sobre como nosso cérebro "espelha" outras pessoas e como desejamos ser espelhados de volta. Tipicamente, aqueles que reclamam e causam problemas têm um sério déficit de receptores dos neurônios-espelho e, quanto mais as pessoas os evitam ou ignoram, pior isso se torna. Todos os dias, eles tentam impressionar ou dominar os que estão em volta... e sempre falham em obter o retorno que procuram. Eles estão famintos por atenção e, se não conseguem encontrar uma boa maneira de atingir o sentido de importância que desejam, vão procurar um caminho ruim. (Chame isso de regra do pichador.)

Em suma, essas pessoas o deixam louco por um simples motivo: elas precisam ser importantes. Quer que elas parem de enlouquecê-lo? Então você precisa satisfazer suas necessidades.

Eis aqui um exemplo. Há um tempo, eu estava conversando em particular com uma gestora intermediária chamada Janet. Durante nossa conversa, Anita – uma auxiliar de escritório com fama de ocupar o tempo das outras pessoas – irrompeu na sala para dizer: "Preciso falar com você agora!".

Quando ela saiu, depois de um longo discurso a respeito de um problema simples, Janet reclamou comigo sobre suas interrupções frequentes e desnecessárias. Com receio de piorar o problema, a gestora hesitava em dizer qualquer coisa. Em vez disso, ela suportava silenciosamente os desabafos de Anita.

Sugeri o seguinte: "Quando Anita entrar em seu escritório, deixe-a falar algumas frases e diga com firmeza: Anita, o que você está dizendo é muito importante para que eu não lhe dê minha atenção total, o que não posso fazer agora, pois estou no meio de algo que preciso terminar. Então, gostaria que você voltasse em duas horas quando vou estar livre para lhe dar toda a minha atenção por cinco minutos, e aí posso ajudá-la com o que está em sua mente. Mas, enquanto isso, pense no que quer me dizer, no que gostaria que eu fizesse e se isso é possível diante da realidade de nossa empresa. Além disso, pense se é justo com todos os envolvidos e se está em sintonia com o que estamos tentando realizar. Descubra essas respostas e ficarei feliz em ajudar para que se cumpram".

Alguns dias depois, falei novamente com Janet, que havia experimentado usar a abordagem que eu sugeri. Ela me disse que Anita não havia voltado e que as coisas estavam correndo bem desde então.

Eu expliquei a ela que muitas pessoas "problemáticas", que aparecem apenas para desabafar, fazem isso porque estão frustradas por não se sentirem importantes na empresa. Um superior que diga a elas que são importantes pode ajudar bastante a acalmar esse aborrecimento que sentem. Também expliquei que subordinados que querem reclamar costumam não ter soluções para seus problemas, por isso quando você determina que encontrem as soluções como uma condição para continuarem a conversa – uma exigência perfeitamente razoável – eles geralmente optam por ignorar o problema.

Essa é uma maneira poderosa de lidar com complicadores no trabalho e que funciona igualmente bem em sua vida pessoal. Assim como colegas irritantes, vizinhos brigões ou parentes difíceis muitas vezes armam uma cena porque querem que você os note. (Se não se sentissem assim, eles se comportariam bem.) Por isso, dê a eles o que querem.

Para ilustrar como isso funciona, vamos observar um problema quase universal: os parentes desagradáveis que transformam seus jantares festivos em pesadelos. Você é forçado a convidar essas pessoas, mas sabe que elas enlouquecerão os outros convidados com reclamações, discussões ou com seu mau humor. Um problema insolúvel? De jeito nenhum. É nesse momento que pensar com antecedência e usar a palavra "importante" faz milagres.

Eis o que você pode fazer. Ligue para cada uma das "pessoas-problema" uma semana antes do evento – ou, se você for mulher e tiver um parceiro do sexo masculino, veja se ele pode fazer as ligações em seu lugar, pois um homem pedindo ajuda é ainda mais desarmador. Diga a essas pessoas: "Estou ligando para lhe pedir um favor, porque você é muito *importante* em nossos jantares no período das festas. Muitos de nós não nos vemos ou nos falamos, exceto nessa época, e nunca se sabe quem está em um momento difícil, com alguma doença terrível, uma perda recente ou sérios problemas financeiros, por isso esses jantares podem ser muito embaraçosos. Por ser um convidado tão importante e consistente, imaginei que talvez você pudesse cumprimentar as pessoas quando elas chegassem e ajudar a deixá-las mais à vontade, perguntando como elas e suas famílias estão e descobrindo as novidades a respeito delas".

Fazer algo tão amável, além de dar a essas pessoas que acreditam que foram traídas pela vida a chance de se sentirem importantes, não só as deixará muito lisonjeadas, mas também desarmadas. Seus convidados não conseguirão responder: "Não, obrigado. Eu estava planejando ir e arruinar a alegria de todos, como venho fazendo ano após ano".

Então, na noite do jantar, cumprimente cada convidado problemático na porta, toque em seu braço e diga: "Espero poder contar com você para ajudar a deixar as pessoas confortáveis conforme forem chegando". E, antes que ele possa responder, fale: "Ah, por favor me desculpe, preciso cuidar de algumas coisas". Em seguida, deixe seu embaixador da boa vontade recém-eleito espalhar alegria e entusiasmo. Surpreendentemente, é possível que ele, ou ela, realize um bom trabalho.

Siga esse plano em cada data festiva e talvez descubra que o problema foi resolvido. Na verdade, é provável que seu ex-convidado problemático torne-se um forte aliado ("Pelo menos *alguém* me admira!"), e faça todo o possível para que o evento seja um sucesso.

A moral da história? Boas pessoas em sua vida precisam e merecem ser valorizadas – as irritantes podem não merecer isso, mas precisam ainda mais. Dê a ambas o que elas querem – o sentimento de que são importantes – e elas lhe darão o que você precisa.

INFORMAÇÃO ÚTIL
Todos disputam o tempo, mas ninguém deveria disputar a importância.

ETAPA DE AÇÃO
Identifique alguém no trabalho ou em sua vida pessoal que constantemente cria problemas onde eles não existem. Na próxima vez que a pessoa reclamar de alguma coisa, diga: "O que você está me dizendo é tão importante que eu gostaria que você assumisse a responsabilidade de encontrar uma solução. Quando tiver algumas ideias, ligue para mim e nos reuniremos para analisar suas soluções. Aprecio muito a sua ajuda".

Em seguida, identifique diversas pessoas que você valoriza e que podem estar se sentindo negligenciadas. Ligue ou escreva para elas e deixe que saibam da grande diferença que fazem em sua vida – ou dê a elas um "Poderoso Obrigado" (veja o Capítulo 23).

8. AJUDE AS PESSOAS A RESPIRAREM EMOCIONAL E MENTALMENTE

"Às vezes, o mais importante em um dia inteiro é o descanso que conseguimos entre duas respirações profundas."
– Etty Hillesum, em seu livro póstumo, *Diário*

"Shh! Ouça!", falei com firmeza para Alex, um executivo estressado de quarenta e poucos anos que estava desabafando por 15 minutos, sem parar, sobre tudo que tinha que fazer e todos os prazos que tinha que cumprir, entre outras coisas.

Ele se surpreendeu. "Ouvir o quê?"

"Ouça o silêncio", respondi.

"O quê?", perguntou novamente.

"O silêncio", repeti. "Ele está entre o barulho na sua cabeça e o barulho na sua vida e, neste exato momento, está gritando para mim e para você, pois quer ser ouvido".

"Hein?", questionou, ainda confuso.

"Feche os olhos", orientei, "respire lentamente pelo nariz e daqui a pouco você vai ouvir".

Depois de alguns instantes, Alex começou a chorar. Isso continuou por 5 minutos, depois dos quais ele abriu seus olhos vermelhos. Tinha um sorriso no rosto.

"O que *isso* significa?", perguntei.

Alex abriu um meio sorriso, e disse: "*Isso* é o que eu tenho procurado toda a minha vida. E tudo... *tudo* mesmo... que eu faço para chegar nisso, me afasta ainda mais. É muito para pensar".

E ele *continuou* pensando naquilo – na paz que sentiu naquele momento, e o que precisava fazer para obter mais do que havia provado em sua vida. Isso porque ele teve a chance de respirar em vez de apenas desabafar.

Afastando a pessoa da angústia

O estresse não é ruim. Ele nos faz ficar concentrados, nos torna determinados e testa nossa coragem. É quando o estresse avança para a angústia que perdemos de vista nossos objetivos de longo prazo e procuramos algo que possa nos aliviar no presente. Nesse ponto, ficamos tão ocupados procurando uma saída de emergência para nossa dor que deixamos de ser racionais ou acessíveis.

Anteriormente, falei sobre fazer com que as pessoas "se sintam vistas". No entanto, ao lidar com pessoas angustiadas, isso é mais fácil de falar do que fazer. Nessas situações, o primeiro passo é mover o indivíduo desse estado para outro em que seu cérebro seja capaz de ouvir você.

Se estiver tentando impactar alguém que esteja angustiado, aumentar seu estresse pode ser desastroso. Esse é um erro que pode tornar fatal uma situação que envolve reféns – e também pode acabar com um negócio ou relacionamento. Dê um passo errado e pessoas à beira da angústia (ou que já estão mergulhadas nela) poderão reagir das seguintes maneiras:

- Responder impulsivamente ("Ah, sim! Bom, então toma isso!" – talvez atirando um grampeador ou mesmo lhe dando um soco). Esse é o resultado do sequestro da amígdala do qual falei no Capítulo 2, quando a amígdala desliga a parte racional do cérebro e faz com que a pessoa aja de maneira hostil.
- Estourar ("Você não sabe nada a meu respeito!"). Não é possível acessar alguém que está "explodindo", pois você acaba se defendendo ou contra-atacando.
- Reprimir ("Não há nada de errado", diz por entre os dentes cerrados) Alguém que escolhe essa reação se fechará para você em vez de deixá-lo entrar.

Mas há outra opção que pessoas angustiadas podem escolher se você lhes indicar o caminho: *respirar*. Esse movimento permite que elas entrem em contato com seus próprios sentimentos e os expressem – como se expurgassem uma ferida – sem agredir os outros ou a si mesmas. É a única resposta para relaxar indivíduos estressados, permitindo que suas mentes se abram para outras pessoas. Isso, por sua vez, oferece uma oportunidade de resolver a fonte do estresse e evitar que ele volte.

Ao dar *espaço para respirar* a alguém angustiado – um local e tempo suficiente para que isso aconteça – você não apenas possibilita que a situação volte ao normal, mas que melhore. Além de permitir que ele se acalme, você constrói uma ponte mental que liga ambos. E, quando isso acontece, podem se comunicar através dela.

> O Sr. Williams, um paciente que conheci no início de minha carreira, foi diagnosticado com câncer de pulmão e expulsou dois conselheiros psiquiátricos que tentaram conversar com ele a respeito de sua doença.
>
> "Você vai adorar esse cara", disse sarcasticamente o oncologista enquanto caminhávamos para o quarto do paciente. Espiei dentro do quarto do Sr. Williams e o vi sentado, encolerizado, fervendo e pronto para arrancar a cabeça de qualquer psiquiatra que tentasse conversar com ele a respeito de seu quadro de saúde. Ele não estava lidando bem com sua doença – e quem poderia culpá-lo? – e claramente precisava de algum tipo de assistência psicológica, mas se recusava a recebê-la.
>
> A visão dele me despedaçando, se eu entrasse no seu quarto e me apresentasse como um profissional dessa área, me fez pensar em outra saída. Fui imediatamente a uma papelaria e encomendei um crachá diferente, substituindo o que dizia "dr. Mark Goulston, Psiquiatra" por outro, "dr. Mark Goulston, Oncologista. Nenhuma dessas especialidades soava leve para mim: eu iria agir como um médico "de verdade". Juro que quando coloquei o novo crachá até minha forma de andar mudou.
>
> Entrei no quarto do paciente tentando agir como oncologista em vez de psiquiatra, e disse: "Olá, Sr. Williams, sou o Dr. Goulston, um

dos novos médicos da equipe de oncologia". Então, comecei a fazer perguntas sobre como ele estava e quais eram suas preocupações. No entanto, eu podia vê-lo farejar, desconfiado. Continuei a falar, mas estava claro que ele suspeitava de mim.

A certa altura, nossos olhos se encontraram e eu tive certeza de que ele ia me dizer para sair do quarto. Percebi que se baixasse ou desviasse os olhos tudo estaria perdido, por isso continuei a encará-lo. Ao fazê-lo, pude notar que havia muita coisa acontecendo sob seu semblante triste. Não sei o que me tomou naquele momento, mas disparei: "Quão *ruim* está sendo tudo isso?".

Ele aceitou meu desafio e disparou de volta: "*Você* não iria gostar de saber!".

Fiquei sem palavras por algum tempo, e então, nem sei ao certo como, continuei: "Você deve estar certo – eu provavelmente não gostaria de saber. Mas, a menos que mais alguém saiba e saiba logo, você vai enlouquecer!".

Surpreso com minha própria audácia, especialmente com um homem tão gravemente doente, continuei a encará-lo sem saber o que ele responderia. O homem cravou os olhos em mim com grande intensidade, depois abriu um sorriso largo e disse: "Ei, eu já enlouqueci. Puxe uma cadeira".

Ele começou a falar sobre como estava zangado e com medo e, com isso, desabafou ainda mais. O resultado de nossas conversas foi que ele começou a cooperar com a equipe médica. Seus médicos me disseram que até sua necessidade de medicação para dor havia diminuído. E eu passei de inimigo a alguém que o Sr. Williams procurava ativamente como ouvinte para seus medos e sentimentos.

Orientando a pessoa a respirar

Quando vi o Sr. Williams pela primeira vez, não precisei perguntar se ele estava angustiado e a caminho de um colapso. Mesmo sem sua ficha eu saberia. Tudo estava escrito nele e podia ser lido por meio de sua linguagem corporal: a expressão de raiva, ombros rígidos, braços cruzados que diziam "desapareça". Se perceber a mesma postura em alguém que está tentando impactar, não queira se fazer compreender com fatos ou lógica. Não vai funcionar, pois você não chegará a lugar algum se a pessoa não respirar.

Compreenda que você não pode obrigá-la a isso – mas pode fazer com que ela *queira*.

Digamos, por exemplo, que você esteja confrontando seu chefe, Dean, que o encara do outro lado da mesa de braços cruzados e com uma expressão zangada. Uma das melhores formas para que ele respire é fazê-lo descruzar os braços – tanto os físicos como os que estão em sua mente. Lembre-se: assim como o osso do quadril se conecta ao da coxa, os braços cruzados "mentalmente" estão conectados aos braços físicos. Faça-o descruzá-los fisicamente e será possível fazer o mesmo com sua mente.

Para isso, faça uma pergunta a Dean que provoque uma grande emoção ou resposta passional. (Foi por isso que instiguei o Sr. Williams, o que pode parecer contraditório, no caso de um paciente muito doente.) Palavras não serão suficientes para expressar o que sente, e ele vai precisar usar as mãos para enfatizar o que diz. É por isso que muitas vezes vemos pessoas usando as mãos para salientar algo quando estão falando ao telefone.

Ao descruzar seus braços e usá-los para se comunicar, abre-se uma porta na mente de Dean. O problema é que quando ela se abre pela primeira vez não há espaço (ainda) para que você passe por ela, por causa de uma barreira que está saindo através dela na sua direção. Assim, veja o que você pode fazer:

1. Dê a Dean tempo suficiente para expressar qualquer coisa que esteja dizendo. Quando as pessoas desabafam, lamuriam ou reclamam, elas estão tentando evitar um sequestro da amígdala que poderia fazê-las lutar, fugir ou agir de alguma forma muito mais destrutiva. Depois que disparam, elas não querem ser interrompidas. (É como se finalmente você tivesse a oportunidade de usar um banheiro depois de ficar preso no trânsito. Não vai querer parar antes de se aliviar!) O melhor a fazer quando alguém está desabafando, lamuriando ou reclamando é tentar não interromper.

2. Não conteste nada do que Dean disser, não fique na defensiva ou comece uma discussão.
3. Depois que ele terminar, ambos estarão exaustos. Não confunda isso com um estado de relaxamento. A diferença entre estar *exausto* e *relaxado* é que, no primeiro, o indivíduo se sente vazio, cansado e não está aberto a sugestões ou comentários. Nesse ponto, pode parecer que é sua vez de falar – *mas não é*. Falar agora seria um erro que a maioria das pessoas comete. Se você começar a falar nesse momento, Dean irá se fechar, pois está cansado demais para ouvir.

Em vez disso, faça uma pausa depois que ele descarregar em você e diga simplesmente: "Fale-me mais". Fazer isso tem vários efeitos positivos:

- Quando fica claro que não haverá um debate, Dean se desarma. Ele não precisa lutar contra você, uma vez que não houve qualquer movimento seu nesse sentido.
- A frase "Fale-me mais" mostra que você estava ouvindo e sabe o que realmente o incomoda. Ela também diminui a paranoia dele de ser punido por, em suma, ter despejado tanta coisa em você.
- Pelo fato de seu desabafo não ter sido um problema para você, Dean pode finalmente começar a respirar. Isso ficará claro na postura dele, em seu semblante, e até mesmo em sua respiração ao relaxar e se livrar da angústia.

Permitir que Dean desabafe – e ter empatia com o aborrecimento que ele sente – irá provocar alívio e gratidão e ele ficará, como acontece em muitos casos, disposto a retribuir. Por quê? Lembre-se dos neurônios-espelho sobre os quais falei no Capítulo 2. Ao tirar um fardo pesado dos ombros de alguém, ele geralmente quer espelhar sua ação fazendo algo semelhante para você.

Às vezes, você pode ajudar uma pessoa que está desabafando a respirar em algum momento, ao dizer: "Feche seus olhos e só respire".

(Usei essa abordagem com Alex.) Isso desencadeia o que Herbert Benson, pioneiro no campo da medicina de mente e corpo, descreveu como *estado de relaxamento* – o mesmo que se tenta alcançar ao praticar meditação. Nesse estado fisiológico, a frequência cardíaca, o metabolismo e as ondas cerebrais se tornam lentas – o oposto exato da resposta de "luta ou fuga". Ele libera uma cascata química calmante que permite "ouvir o silêncio". (Recomendo essa abordagem se você estiver lidando com uma criança ou adolescente que está descarregando suas emoções de forma descontrolada.)

Entretanto, a dica mais importante para ajudar alguém a desabafar e depois a respirar é deixar que aconteça. A maioria das pessoas interrompe esse processo durante o estágio de desabafo ficando na defensiva ("Não sou o único culpado aqui"), tentando oferecer soluções ("Bem, se você odeia tanto o seu emprego, talvez deva procurar outro"), ou ficando tenso e tentando melhorar as coisas ("Ok, sei que tem sido difícil, mas vamos esquecer tudo isso por algumas horas e sair para almoçar"). Não cometa nenhum desses erros, pois, assim como expurgar uma ferida, o trabalho de conduzir alguém a respirar não "acabará até que esteja terminado". Aí então você receberá sua recompensa em forma de uma forte conexão – baseada em emoções intensas, como alívio e gratidão – que poderá usar para transmitir sua mensagem.

E, para os pais, especialmente aqueles que têm filhos adolescentes, uma observação final importante, pois fazer seu filho respirar pode salvar a sanidade de todos em sua casa.

Se seus filhos são adolescentes, você sabe que muitas vezes eles se parecem com seres alienígenas – e, de certa forma, isso é verdade. Comparados aos adultos, eles têm respostas biológicas muito mais fortes aos aborrecimentos e liberam mais hormônios do estresse. Também possuem níveis diferentes dos neurotransmissores dopamina e serotonina, o que os torna mais impulsivos. Seus neurônios ainda estão desenvolvendo o isolamento elétrico e a "poda neural" de conexões excedentes – dois processos que eventualmente levarão ao pensamento maduro –, e seus circuitos de tomada de decisão também estão em desenvolvimento.

Como resultado, eles saltam rapidamente do estresse para a angústia, não são capazes de fazer julgamentos adequados, não conseguem expressar seus sentimentos de forma madura e explodem, ficam mal-humorados ou dizem: "Eu odeio você".

Isso os explica – mas, e você? Todos nós cometemos erros como pais – somos arrogantes, superprotetores, ansiosos ou subservientes demais – e esses erros podem fazer com que nossos filhos, que já são por natureza impulsivos e ficam rapidamente angustiados, reajam de uma forma louca, que chamamos de comportamento rebelde, "do contra" ou apenas de "tolices".

Para verificar se isso está acontecendo em sua casa, dê a seu adolescente mal-humorado a chance de lhe contar o que está havendo – e a chance de respirar. Espere até um dia em que esteja dirigindo com seu filho "cativo" dentro do carro (já que os filhos odeiam conversas íntimas que não solicitaram, que sempre parecem sermões) e então faça estas perguntas:

- "Qual foi a situação em que se sentiu mais frustrado com sua mãe (ou pai) ou comigo?"
- "Quão ruim isso foi para você?"
- "O que você quis fazer diante disso?"
- "O que você fez?"

Então, se conseguir fazer com que seu filho responda essas perguntas com honestidade, diga (e fale sério): "Me desculpe, eu não sabia que havia sido tão ruim".

Não se surpreenda ao ver lágrimas de alívio quando permitir que ele respire dessa maneira. Melhor ainda, essas lágrimas podem ser seguidas pela primeira conversa sem oposição, hostilidade ou confronto que vocês dois tiveram em muito tempo. Isso porque respirar irá ajudar seu adolescente a controlar esse cérebro estranho, impulsivo e mal-humorado – pelo menos por algumas horas abençoadas.

INFORMAÇÃO ÚTIL

Segundo o poeta William Congreve, "A música tem encantos para serenar o coração mais selvagem". Esqueça a música. Se quiser acalmar o coração mais selvagem, faça com que ele respire.

ETAPA DE AÇÃO

Se você estiver tentando impactar alguém que está reprimindo seus sentimentos, pergunte: "Alguma vez eu já fiz você se sentir desrespeitado?" ou "Alguma vez já fiz você sentir que não valia a pena ser ouvido?".

Esteja pronto para uma reação emotiva a essas perguntas, e não o interrompa nem fique na defensiva. Deixe que ele desabafe e respire. Nesse ponto, emoções positivas irão preencher as lacunas deixadas pelas negativas.

9. DESCUBRA A SUA DISSONÂNCIA

"As pessoas mais bem-sucedidas são aquelas que não têm ilusões acerca de quem são."
– BUD BRAY, NO LIVRO DE MARTI D. SMYE,
IS IT TOO LATE TO RUN AWAY AND JOIN THE CIRCUS?
[É TARDE DEMAIS PARA CORRER E SE JUNTAR AO CIRCO?]

Jack era um advogado tributário. Com isso não estou dizendo que ele praticava a justiça civil, mas que ele era educado, respeitoso e, de certa forma, ameno e calmo em suas relações com a Receita Federal para seus clientes. Era bem-sucedido em razão de seu preparo incrível, e não por causa da força de sua personalidade.

Apesar de seu histórico de sucesso, ele me procurou porque não estava conseguindo tantos clientes quanto alguns de seus colegas menos competentes. E não levou muito tempo para que eu descobrisse o motivo.

"Quando procuram um advogado para representá-los contra a Receita", falei, "as pessoas inconscientemente desejam encontrar um gladiador. Isso porque querem ter a certeza de que o profissional contratado esteja disposto a 'matar' por eles, se necessário". Mesmo com todo o seu talento, Jack simplesmente não parecia um matador. Por isso, ainda que ele afirmasse ser bem-sucedido em seus casos contra a Receita Federal, o que os contratantes viam e ouviam na maneira como se comportava não os convencia.

Jack disse que não acreditava que poderia mudar sua personalidade. "Você não precisa", eu disse. "Tudo o que tem a fazer é resolver a dissonância que você cria nas outras pessoas, modificando a percepção delas a seu respeito."

Sugeri que quando se encontrasse com clientes em potencial e notasse qualquer hesitação, ele deveria acrescentar o seguinte: "Ah, a propósito, se decidirem me contratar para uma ação contra a Receita Federal, precisam estar cientes de que sou um 'matador', mas não sou um 'assassino'".

Acrescentei que se eles reagissem com surpresa a essa declaração, ele deveria explicar: "Muitas pessoas que contratam um advogado tributário ficam com receio de terem cometido algum erro e de que a Receita venha atrás delas. Elas querem um profissional que possa encarar a Receita de frente e vencer. Por parecer tão educado, as pessoas podem pensar que não sou capaz de 'matar' por elas, se for preciso. Mas estariam cometendo um erro. Estou preparado para 'matar' por meus clientes por meio de um procedimento que geralmente sobrecarrega a Receita, mas *não* sou um assassino que se deleita em destruir alguém apenas por prazer".

Jack experimentou minha sugestão, e foi um grande sucesso. Contou que essa abordagem fez com que mais pessoas o contratassem – e o fez se sentir muito mais seguro em suas conversas iniciais.

Qual foi o problema que levou Jack a me procurar? Dissonância. Ela ocorre quando o indivíduo pensa que está se apresentando de determinada maneira, mas as pessoas o veem de modo completamente diferente. Jack, por exemplo, acreditava que era discretamente competente, mas na verdade parecia tímido, até fazer com que os clientes o vissem sob outro prisma.

Outro exemplo de dissonância é quando alguém se acha um sábio, mas é visto como dissimulado – ou quando pensa parecer impetuoso, mas é visto como exagerado.

Ela também existe quando você acredita que compreendeu muito bem a outra pessoa, mas não é o que ela acha. É irritante para o outro ouvir você dizer: "Sei aonde você quer chegar", quando, na verdade, você não faz ideia. Frequentemente isso acontece quando não se ouve com bastante atenção o que o outro está tentando comunicar.

A dissonância faz com que o indivíduo pare de pensar "O que essa pessoa pode fazer por mim?", e comece a se perguntar: "O que essa pessoa está planejando fazer *comigo*?". Ela impede que você e o outro se conectem – ou, do ponto de vista neurológico, atinjam a empatia dos neurônios-espelho, pois você não está enviando a mensagem que acredita estar. Pessoas não podem espelhar a sua confiança se ela parecer arrogância. Ou a sua preocupação, se parecer histeria. Não podem espelhar a sua calma se a interpretam como apatia. E, se você não está sendo bem compreendido por *elas* – se suas queixas legítimas são confundidas com histeria, por exemplo –, os resultados podem ser fatais para um relacionamento.

A dissonância é um motivo comum em disputas matrimoniais. Veja a história de Robert e Susan, um casal com cerca de trinta e poucos anos que veio me procurar. Os dois brigavam frequentemente pelo fato de Robert não telefonar para avisar a Susan que chegaria atrasado para o jantar, e por ela ser tão controladora e rígida.

Na conversa, a esposa lançava acusações como: "Você *nunca* me avisa a que horas vai chegar em casa. Não tem nenhuma consideração".

Ele respondia: "Você me pressiona demais. É muito controladora".

Finalmente, eu os interrompi e perguntei o que cada um deles ouviu o outro dizer. Ambos responderam que o outro havia dito: "Eu estou certo e você está errado".

Eu perguntei: "Sério? Cada um de vocês está realmente dizendo: 'Estou certo e ele está errado?'".

Susan me olhou e respondeu: "Não, não é isso o que estou dizendo". Robert concordou.

"Então, o que vocês estão dizendo?", perguntei.

Ambos deram a mesma resposta: "O que estou dizendo é que eu não estou sempre errado!". Continuei a questioná-los: "Então cada um de vocês, na verdade, está se defendendo contra as críticas muito mais do que se atacando?".

"Com certeza", concordaram os dois.

"Humm", continuei, "Então, toda vez que um tenta se proteger, o outro se sente atacado?".

O marido riu, reconhecendo como esse movimento havia se repetido muitas vezes, e disse, com tristeza: "Sim… e acabamos pagando caro para que isso seja resolvido por um psicanalista".

A maior causa isolada da dissonância é o fato de que o comportamento das pessoas se torna pior quando elas se sentem mais impotentes.

Por isso, quando um homem ou uma mulher está gritando com um parceiro, ou quando filho e pai estão gritando um com o outro, ou quando um chefe está gritando com um subordinado, ou um cliente com um funcionário do atendimento ao consumidor, o motivo é que aquele que grita sente que não está sendo ouvido ou levado em consideração. Em outras palavras, aquele que grita não se sente intimidador ou assustador (embora essa seja a impressão da outra pessoa). Ao contrário, ele se sente impotente e pequeno. Isso é o extremo da dissonância e sempre termina mal.

A dissonância tanto impede você de impactar as pessoas como de ser impactado por elas. Como Susan e Robert descobriram, ela pode criar rupturas em um relacionamento – e como Jack percebeu, ela pode dificultar uma carreira. É por isso que você precisa identificar sua própria dissonância e corrigi-la.

Segundo a minha experiência, as dez percepções equivocadas mais comuns e que causam dissonância são as seguintes:

Como você acredita que é:	Como os outros o veem:
Perspicaz	Espertalhão
Confiante	Arrogante
Bem-humorado	Inconveniente
Ativo	Agitado
Com opiniões fortes	Teimoso
Impetuoso	Impulsivo
Forte	Rígido
Atento aos detalhes	Crítico
Calado	Indiferente ou Indeciso
Sensível	Carente

Mas, eis um desafio: de que forma você *pode* saber como a outra pessoa o vê? A resposta é simples, mas não muito confortável: pergunte a quem sabe – seus amigos e parentes. Isso não é divertido, e você vai precisar ser capaz de suportar as respostas. Mas, a maneira mais rápida de identificar seus problemas com dissonância é identificar duas ou três pessoas francas (ou seja, sem rodeios) que o conheçam bem e em cujo julgamento você confia, e pedir a elas que descrevam suas piores características.

Normalmente, até as mais francas irão hesitar em fazer isso. Para fazê-las falar, não diga: "Eu tenho alguma característica que irrite ou ofenda você?", porque a resposta delas será "não". Em vez disso, entregue uma lista a elas e diga: "Preciso que você marque, de 1 a 3, a intensidade com que eu posso incomodar as pessoas". Aqui estão as características que podem ser listadas:

- Arrogante
- Acelerado
- Carente
- Excessivamente teimoso
- Impulsivo
- Rígido
- Crítico
- Indiferente
- Indeciso
- Exigente
- Agressivo
- Sufocante
- Muito sensível
- Espertalhão
- Não confiável
- Melodramático
- Grosseiro
- Tímido
- Pessimista
- Bruto
- Excessivamente alegre
- Mente fechada

Se pedir a três pessoas que façam isso, a probabilidade é de que você encontre características que se repetem. Se duas marcarem "bruto", por exemplo, acredite nelas – mesmo que tenha certeza de que não age dessa maneira. Elas provavelmente vão fazer comentários como este: "Ah, você não é realmente assim... Bem, *algumas* pessoas podem vê-lo como bruto. Quer dizer, não que eu veja, mas acho provável que algumas delas o vejam dessa maneira". Caso isso aconteça, não se engane: elas estão realmente dizendo, "Eu acho que você é muito bruto". E se seus amigos dizem isso a seu respeito, provavelmente é verdade.

Se não estiver se sentindo ofendido, peça às mesmas pessoas para elaborarem as falhas que identificaram. Pergunte, por exemplo: "O que eu faço que me faz parecer bruto?" ou "Com que frequência eu faço isso?" ou "Eu pareceria menos bruto se dissesse 'isso ou aquilo'?" (*Não* discuta ou use as respostas que deram contra eles. Caso contrário, você terá que acrescentar uma marca na opção "mente fechada" de sua lista). Com suas respostas em mãos, estude suas próprias interações com outras pessoas nos dias ou semanas que se seguirem e tente identificar os comportamentos ressaltados. Quando estiver consciente sobre eles, poderá mudá-los.

E, ao fazer isso, vai achar muito mais fácil impactar as pessoas, porque a dissonância faz com que elas pensem, incomodadas: "há algo nesse cara que eu não gosto ou não confio", fazendo com que fiquem resistentes. Remova essa dissonância e a desconfiança delas irá desaparecer.

OLHE PARA A FRENTE

Uma boa maneira de superar as características que criam as dissonâncias é usar o que o renomado *coach* de executivos, Marshall Goldsmith, chama de *"feedforward"*.* Veja como funciona.

Primeiro, escolha o comportamento que mais precisa mudar. ("Quero ser melhor em aceitar críticas para que as pessoas não me vejam como alguém melindroso", por exemplo). Agora, aproxime-se de uma pessoa – seu cônjuge, um amigo ou mesmo um desconhecido – e peça a ela para sugerir duas coisas que você possa fazer no futuro para que esse comportamento fique mais adequado.

Ainda melhor, diga a ela que está querendo melhorar como chefe, subordinado, amigo ou seja qual for o relacionamento que tiverem. Fale que gostaria de sugestões específicas do ponto de vista *dela* sobre algo que você poderia fazer de forma diferente a partir de agora para melhorar o seu relacionamento com ela.

Se a outra pessoa o conhece bem, peça para não falar a respeito do que você fez de errado no passado, mas apenas de como poderá agir de maneira mais adequada a partir desse ponto. Ouça o que ela

---

* *Feedforward* significa "avançar". Conceitualmente, trata-se de melhorar o comportamento presente visando mudanças positivas no futuro. (N. T.)

disser e responda com apenas uma palavra: "Obrigado(a)". Depois, repita esse processo com outras pessoas.

A grande vantagem dessa abordagem é que, embora a maioria dos indivíduos esteja fechada para críticas sobre falhas do passado, quase todos estão abertos a novas ideias para sucessos futuros. Segundo Goldsmith: "Isso funciona porque podemos mudar o futuro, mas não o passado".

A propósito, se quiser ampliar o processo de *feedforward*, leia o livro de Goldsmith, *What Got You Here Won't Get You There* [O que o trouxe aqui não o levará até lá]. Não costumo recomendar livros gratuitamente, mas esse é uma leitura obrigatória para qualquer tipo de gestor (e eu o indico para qualquer ser humano). Nele, Goldsmith descreve 20 comportamentos que podem impedi-lo de avançar e explica como lidar com cada um deles usando o *feedforward* e outras técnicas. Três dos meus comportamentos favoritos descritos no livro são "agregar valor demais", "começar frases com 'não', 'mas' ou 'contudo'", e "dizer ao mundo como somos inteligentes". Eu gosto muito deles porque, primeiro, é possível ver o déficit de receptores dos neurônios-espelho que eles criam; segundo, são exemplos sensacionais de como não ouvir; e terceiro, às vezes eu tenho todos eles. Não estou exagerando quando digo que se você tem comportamentos contraproducentes ou tóxicos precisa superá-los. Esse livro pode mudar sua vida.

Os perigos da dissonância corporativa

Assim como casais, as empresas podem cair na armadilha da dissonância se acreditarem que estão passando uma mensagem aos funcionários, embora eles estejam vendo algo muito diferente. CEOs que pensam que suas firmas são ótimos locais para trabalhar muitas vezes ficam surpresos quando lhes digo que seu pessoal as considera sufocantes, ingratas, inamistosas ou simplesmente péssimas. Essa é uma situação ruim, pois é um ciclo aberto: não há feedback para corrigir a dissonância, e por esse motivo ela piora com o tempo. O CEO geralmente fica agressivo, acredita que "esses indivíduos são chorões improdutivos", e implementa mudanças punitivas que pioram as coisas. Os funcionários, por sua vez, ficam ainda mais amargos ou zangados. Se não for corrigida, essa situação poderá levar ao pior cenário possível, o de um CEO que dá aos funcionários o mínimo de incentivo para mantê-los trabalhando e estes fazendo o mínimo possível apenas para manter seus empregos, o que pode afundar uma empresa.

Depois de testemunhar esse tipo de cenário várias vezes, desenvolvi um procedimento chamado "Desafio PEO – Paixão, Entusiasmo e Orgulho" para resolver o problema. É destinado a líderes corporativos, mas você pode ajustá-lo para diagnosticar e corrigir dissonâncias em pequenos grupos de trabalho – ou mesmo em sua própria família, se eles estiverem dispostos. Mas, um aviso antes de você começar: essa ferramenta não é para fracos ou pessoas que, nas palavras de Jack Nicholson no filme *Questão de Honra*, "não podem suportar a verdade".

Criei o Desafio PEO com a ajuda do diretor executivo de uma editora de livros infantis (vou chamá-lo de Manuel). Ele administrava uma grande empresa, mas sabia que ela poderia ser melhor. Para descobrir como, pedi que enviasse um memorando a todos os seus funcionários, dizendo:

1. Preciso de sua ajuda para tornar esta empresa melhor. Qualquer coisa que disser ficará completamente no anonimato.
2. Imagine que tenha ido a um jantar comemorativo e ouviu alguém descrever a empresa em que trabalha como um "dez perfeito" em termos de paixão, entusiasmo e orgulho. Como se sentiria se sua avaliação a respeito de sua empresa fosse mais baixa? No meu caso, sei que eu ficaria com inveja e menos feliz com o local onde estivesse trabalhando.
3. Se eu lhe pedisse para avaliar seu próprio nível de paixão, entusiasmo e orgulho em relação ao seu trabalho e a sua empresa, numa escala de 1 a 10, que notas você daria?
4. Se qualquer uma delas tiver sido menor do que 10, o que acha que seria necessário mudar – e de que formas essas mudanças poderiam

ser implementadas – para aumentar esse índice? Suas respostas devem ser anônimas e, por favor, não use essa oportunidade para expor indivíduos dos quais você tem queixas.

5. Ao recebermos suas respostas, identificaremos as sugestões de mudanças mais citadas, informaremos a vocês quais são e o que será feito em relação a elas, com um cronograma para essas realizações. Obrigado por nos ajudar a tornar esta empresa um local pelo qual todos possamos sentir paixão, entusiasmo e orgulho.

Expliquei para Manuel que o Desafio PEO parece simples, mas revela verdades profundas que podem mudar o futuro de uma empresa, porque:

- Paixão é a visão da empresa. Os funcionários querem acreditar que estão realizando um trabalho importante, que faça diferença para seus clientes e consumidores, deixando-os felizes.
- Entusiasmo é a execução. Mesmo com uma ótima visão, os funcionários perdem seu entusiasmo e não conseguem realizar tudo o que são capazes se seus líderes estiverem cometendo erros.
- Orgulho se relaciona à visão, mas também à ética, pois poucas pessoas se orgulham de suas empresas se estiverem fazendo algo desonesto. Trata-se também de realizar algo significativo porque, à medida que as pessoas envelhecem, torna-se mais importante deixar o mundo melhor do que elas encontraram.

Manuel seguiu minha sugestão e executou esse exercício em sua empresa. Os funcionários responderam o questionário dizendo que queriam ser recompensados mais por mérito do que por práticas de política de escritório. Queriam menos fofocas e intrigas, e mais cooperação. E, em se tratando dos produtos da empresa, desejavam apresentar melhores resultados, como criar livros que ajudassem os pais a ensinar suas crianças como serem mais bem-sucedidas e felizes em um mundo competitivo e muitas vezes cético.

Manuel se comprometeu a resolver todos esses problemas. A recompensa: os resultados da empresa melhoraram e sua rentabilidade aumentou 40% no ano seguinte. Ele levou particularmente a sério as sugestões sobre intrigas e política de escritório, e conseguiu encontrar os membros negativos e desligá-los. E, ainda mais importante, ele redobrou sua própria paixão, entusiasmo e orgulho.

É possível usar essa mesma ferramenta para pedir a seus funcionários, membros de equipe, diretores, clientes ou fornecedores para que avaliem anonimamente quanta paixão, entusiasmo e orgulho sentem por seus serviços, produtos, empresa e *você*, numa escala de 1 a 10. Modifique-a um pouco e, se tiver coragem, você pode usá-la para perguntar a seu parceiro ou filhos o quanto de paixão, orgulho e entusiasmo eles sentem pela família. As respostas podem não ser as que você espera. Mas posso garantir que são as que você precisa saber.

Quando não puder evitar a dissonância, antecipe-a

Até agora, eu falei sobre dissonâncias que podem ser evitadas. Entretanto, isso não pode ser feito com todas elas; além do mais, nem todas se devem a você. Se costuma viajar para o exterior, trabalha ou mora com pessoas de culturas diferentes, você eventualmente irá dizer ou fazer algo ofensivo para alguém – mesmo que esteja lutando com todas as suas forças para que isso não aconteça.

Não há nada que você possa fazer para evitar. Se você não for fluente em um idioma, o número de erros embaraçosos que pode cometer ao falar é ilimitado. Talvez você faça um gesto com a mão que significa "ok" ou "pare" na sua cultura, mas que representa algo muito diferente (e muito ruim) em outra. Pode ser que fale demais ou pareça muito rude, mesmo que esteja agindo de uma maneira considerada bem-educada em sua própria cultura. Então, enquanto você se acha uma fonte de boa vontade e cortesia, a outra pessoa está pensando: "Esse indivíduo é um idiota que não me respeita".

Esse não é um problema insignificante. Acordos de negócios, e às vezes relacionamentos pessoais, podem se basear em coisas mínimas, como fazer contato visual excessivo (ou não olhar nos olhos), ou pegar o pão com a mão esquerda em vez da direita.

Ainda bem que prevenir esses problemas é surpreendentemente simples. Ser capaz de perceber o constrangimento apesar de estar sendo bem-educado e respeitoso funciona bem em qualquer cultura, por isso tudo o que precisa ser feito é simplesmente admitir, de antemão, que é bem provável que você cometa algum deslize. Por exemplo, diga: "Li e me informei a respeito das diferenças entre as nossas culturas e, ainda assim, tenho certeza de que direi e farei coisas que podem não ser adequadas. Não estou planejando isso, mas sei que pode acontecer – e a última coisa que eu quero é constrangê-lo diante de seus colegas, tendo que explicar a eles meu comportamento ofensivo. Se você me informar sobre as atitudes mais comuns de minha cultura que possam ofender a sua, tentarei ao máximo não cometê-las".

Esse tipo de humildade desarma completamente a maioria das pessoas. Ela também apaga a dissonância antes mesmo que ocorra, pois seu pedido de desculpas antecipado irá anular praticamente qualquer engano, desde usar o garfo errado até chamar a mulher de seu anfitrião acidentalmente de vaca. Por isso, se você costuma viajar ou participar de reuniões de negócios transculturais, lembre-se da arte da "humildade preventiva" para neutralizar a dissonância – e nunca saia de casa sem ela.

INFORMAÇÃO ÚTIL
Parafraseando Warren Bennis: "Quando você realmente percebe de onde as pessoas vieram – e elas notam que você entendeu isso – o mais provável será que as leve aonde você quer ir".

ETAPA DE AÇÃO
Na próxima vez que você começar a entrar em uma discussão (especialmente se for uma daquelas acaloradas e intermináveis que surgem com frequência), pare e diga à outra pessoa: "Nesse momento, sinto que você está me atacando e imagino que você esteja sentindo que eu estou te atacando. Mas, na verdade, acho que ambos estamos apenas nos defendendo. Então, quero que você saiba que minha intenção não é feri-lo – e sei que você também não quer me ferir. Se pudermos recomeçar com essa observação em mente, aposto que poderemos resolver esse problema juntos". Ao fazer isso, você substituirá a dissonância mútua ("esse cara está sendo um idiota") por respeito mútuo ("esse cara realmente quer resolver o problema").

10. QUANDO PARECER QUE TUDO ESTÁ PERDIDO, MOSTRE SEU PONTO FRACO

> "Não tenha medo de expor suas vulnerabilidades. Elas não o tornam fraco, mas acessível. Saiba que sua vulnerabilidade pode ser sua força."
> – Keith Ferrazzi, autor de *Who's Got Your Back*
> [Quem o protegeu]

Normalmente, é trabalhoso entrar na mente de outra pessoa. Quando pacientes se sentam à minha frente pela primeira vez, não tenho ideia do que os move (ou o que os torna bombas-relógio em movimento). Nos primeiros minutos, eles são um mistério para mim, assim como eu sou para eles.

Mas não foi o que aconteceu com Vijay. Ele não veio ao meu consultório. De fato, ele estava do outro lado do mundo, na Índia. E eu nunca o conheci. Ele me enviou um e-mail muito "impulsivo", depois de ter lido meu blog e encontrado meu endereço na internet.

Mas isso não importava. No momento em que li seu e-mail, eu soube exatamente como Vijay se sentia. Isso porque trinta anos antes eu havia passado pela mesma situação e me sentia igualmente assustado. E, assim como ele, não sabia o que fazer.

A mensagem de Vijay dizia:

> Gostaria de nunca ter nascido, gostaria de pular do telhado da minha casa. Acordo desejando nunca ter acordado. Fiz uma promessa a mim mesmo de que não iria me matar, independentemente do que aconteça, porque tenho muito medo da morte já que não realizei nada em minha vida. Morrer agora seria mais inútil do que permanecer vivo.
>
> Além disso, não gostaria de colocar esse fardo sobre minha família. Não quero que passem por esse sofrimento pavoroso ou, pior

ainda, que tenham a impressão de que todo o trabalho que tiveram com minha irmã e comigo foi um fracasso terrível.

Seria demais para eles... mas eu simplesmente não tenho vontade de viver, doutor. Acredito que o principal motivo que desencadeou todos esses pensamentos sejam os meus testes para admissão na universidade que começam no dia 15 de maio. Coloquei muita pressão em mim mesmo para obter notas altas e deixar meus pais felizes. Meu pai sempre me diz que, uma vez que eu não me saí bem nas duas primeiras matérias, é mais importante ainda que me saia bem nas três últimas. Sinto que se tirar um B em vez de um A meus pais não me amarão mais...

Dr. Goulston, por favor, me mande uma resposta, estou tendo todos esses problemas porque não sei com quem conversar, pelo menos não de maneira calma. Eu imploro, doutor...

Eu tinha conhecimento suficiente a respeito do assunto para afastar os medos de Vijay de tirar um B na prova. Dezenas de crianças se matam anualmente em razão de pequenas crises, e esse é um risco particular em culturas como a da Índia, em que o desempenho acadêmico é levado muito a sério.

Por isso, respondi o e-mail imediatamente. Eu disse a Vijay que lamentava ouvir que ele se sentia tão mal. E então, sabendo o quanto o jovem estava se sentindo sozinho, contei-lhe minha própria história.

No início da faculdade de Medicina, cheguei a um ponto em que simplesmente não conseguia seguir em frente. Eu passava nas disciplinas, mas não sentia que estava aprendendo nada, porque minha mente havia se desligado. Assinalava livros inteiros esperando que eles entrassem no meu cérebro por osmose. Ficava em pânico com a ideia de algum dia encarar um paciente e não saber o que fazer.

Então, fui dizer ao meu pai que estava desistindo. Assim como o de Vijay, meu pai era um indivíduo que não tinha, de fato, um contato com emoções e as encarava como justificativas. Quando contei-lhe sobre a minha decisão, ele me olhou contrariado e perguntou: "Então você está sendo reprovado?".

"Não, eu passei", respondi. "Mas nada do que eu leio parece entrar na minha cabeça ou ficar dentro dela". Começamos a discutir e então, depois de alguns minutos, eu desisti e apenas comecei a olhar para o chão.

Ele continuou falando, argumentando que eu deveria procurar orientadores ou fazer o que fosse necessário para continuar. E, em seguida, concluiu: "Então estamos de acordo, você só terá que receber algumas orientações e ficará na faculdade".

Pensei comigo mesmo: "Não posso voltar. Se voltar para a faculdade, algo ruim vai acontecer. Estou com medo de enlouquecer ou de querer acabar com tudo".

Então, levantei minha cabeça e olhei dentro dos olhos dele e disse, do fundo do coração: "*Você* parece não compreender. *Eu estou com medo*". Isso era a única coisa que eu sabia de todo meu coração. Eu nem fazia ideia se tinha o direito de estar com medo ou do que estava com medo – só tinha a certeza de que voltar à faculdade seria ruim para mim. Tudo o que sabia era que estava com medo.

Depois de dizer isso, comecei a chorar. Minhas lágrimas não tinham nada a ver com desculpas ou autopiedade. Tinham a ver com meu medo e uma necessidade tardia de tirar isso do meu peito e o peso das minhas costas.

A minha sorte foi que, sob a carapaça de um pai muito racional e focado em seus objetivos, estava alguém que se importava com o filho. De certa forma, eu esperava que ele dissesse: "Você é fraco, repulsivo, afaste-se de mim", o que pode ter me levado até o limite. Mas, em vez disso, ele cerrou os punhos e então, quando sua raiva passou, disse: "Faça o que for preciso. Sua mãe e eu o ajudaremos da maneira que pudermos".

Aquele foi o momento mais intenso de toda a minha vida e aconteceu quando eu estava no ponto mais difícil dela. Isso mudou tudo porque eu fui completamente honesto e fiel aos meus sentimentos mais profundos de medo e vergonha. Então, eu disse a Vijay para fazer a mesma coisa.

Mostre a eles seu ponto fraco e eles vão querer fazer o mesmo

Como a maioria dos jovens (em particular os homens), eu acreditava que ganhar respeito significava nunca demonstrar fraqueza – especialmente para o meu pai. Em vez disso, escondia meus erros e encobria o medo com valentia. Mas aprendi diversas coisas com essa experiência profunda.

Uma delas é que as pessoas irão perdoá-lo e até tentar ajudá-lo se você for honesto a respeito de um erro. Outra é que o que deixa as pessoas zangadas ou desapontadas com você é não dizer a verdade e tudo o que faz para mantê-la escondida.

Aprendi também que é muito melhor pedir ajuda *antes* de estragar tudo. Quando espera até fazer uma bobagem e só então pede ajuda, os outros podem ver isso como uma maneira de evitar uma punição. Ainda assim, é melhor procurar auxílio *depois* de estragar tudo do que não pedir nenhum socorro.

Estar consciente de seu sentimento de vulnerabilidade é empoderador. Isso impede um sequestro da amígdala que poderia resultar em decisões precipitadas e péssimas escolhas de vida. Além de permitir que você respire em vez de explodir. Fazer o oposto – fingir que você está bem quando seu mundo está desabando – pode ser perigoso ou até mortal.

Mas "vulnerabilidade assertiva" não é apenas desabafar, trata-se também de impactar pessoas. Para entender o porquê, vamos voltar aos neurônios-espelho – as células do cérebro sobre as quais falei no Capítulo 2, que nos permitem sentir o que outra pessoa está sentindo.

Quando você se sente assustado, magoado ou humilhado, mas ainda está no modo "esconder", porque tem medo de perder o respeito de outra pessoa, eis o que acontece:

- Seu déficit de receptores dos neurônios-espelho aumenta. Você não se sente compreendido porque *não pode ser compreendido*, uma vez que ninguém tem a menor ideia do que está lhe acontecendo. Você está sozinho, e esse é um sofrimento autoinfligido.

- A pessoa cujo respeito você está preocupado em perder (pai, chefe, filho, parceiro) não consegue espelhar sua angústia e compreendê-la. Em vez disso, ela irá espelhar *a atitude que você está usando para mascará-la*. Se estiver usando a raiva para encobrir seu medo, receberá raiva em troca. Se a atitude para esconder seu sentimento de incapacidade for de "dane-se tudo", você receberá um "tudo bem – dane-se você também".

Entretanto, quando mostra seu ponto fraco – quando encontra a coragem para dizer "estou com medo", "estou solitário" ou "não sei como superar isso" – a outra pessoa imediatamente espelhará seus sentimentos verdadeiros. Isso é biológico, ela não consegue evitar. Ela saberá o quanto você se sente mal e até sentirá a mesma dor. Como resultado, vai querer que sua dor (que agora, até certo ponto, é a dela) pare. Isso leva a um desejo de ajudar... e o desejo de ajudar leva a uma solução.

Curiosamente, isso acontece até quando mostramos nossa vulnerabilidade para pessoas que não simpatizam conosco. Um dos trabalhos para o qual me contratam com maior frequência é o de lidar com idiotas: líderes corporativos que possuem habilidades incríveis, mas também falhas gritantes. Normalmente, eles são bestas rudes e arrogantes que fazem com que bons funcionários se demitam em massa e criam um ambiente tão tóxico que ninguém consegue trabalhar. Eles passam meses ou anos atormentando sua equipe – fazendo com que as pessoas se sintam inferiores, fracas, assustadas, insignificantes, degradadas ou humilhadas – e quando eu entro em cena, elas geralmente esperam apenas uma coisa: vingança.

Mas então algo notável acontece. Depois que faço com que os executivos difíceis encarem suas falhas e digo a eles que seu futuro depende da solução do problema, eles concordam e perguntam: "Como?". E meu primeiro conselho é: mostre seu ponto fraco. Diga às pessoas com as quais trabalha que você sabe que tem sido um idiota. E que irá fazer o máximo para melhorar. Coloque tudo na mesa, e espere que elas sintam empatia.

E, surpreendentemente, isso acontece com a maioria. Apesar de tudo pelo que passaram, elas perdoam. Até torcem ativamente pelo idiota regenerado. Como resultado, a maior parte desses ex-idiotas tem uma segunda chance, e alguns até se tornam bons amigos das pessoas que humilharam anteriormente.

Expor suas vulnerabilidades também pode criar laços instantâneos fortes o bastante para transformar completos estranhos em amigos. Meu sócio, Keith Ferrazzi, usa a abordagem "mostre seu ponto fraco" em sessões de treinamento para fazer com que as pessoas baixem a guarda e – como ele diz – "compartilhem as coisas que as fazem humanas". Ele diz:

> Ouvi muitas histórias tocantes recentemente de pessoas que tiveram a coragem de experimentar isso. Por exemplo, a de um rapaz que trabalhava com vendas, mas há seis meses não atingia sua cota. Em razão disso, sua remuneração caiu significativamente. Caiu tanto que, de fato, ele teve que vender sua casa e se mudar com a mulher e dois filhos para um apartamento muito menor. Outro rapaz contou que tem um filho autista a quem ele ama mais que tudo. Ele nos relatou o constante desafio de saber que a cada hora que passa brincando com o garoto está contribuindo para o seu desenvolvimento e impedindo que ele se afaste, mergulhando no lado sombrio. Mas ele sempre está dividido entre o tempo que tem para se dedicar a isso e ter que trabalhar para pagar as contas.
>
> São coisas difíceis pelas quais eles estão passando. E muitas pessoas ficariam apavoradas em compartilhar essas histórias. Mas quando se tem coragem de expor suas vulnerabilidades, duas coisas acontecem. Inevitavelmente, os companheiros de conversa têm problemas muito semelhantes em suas próprias vidas. Em segundo lugar, eles sentem tanta empatia por você que querem ajudar imediatamente. Oferecem contatos, conselhos ou apenas um par de ouvidos solidários. E, instantaneamente, você terá desenvolvido um relacionamento íntimo com um novo amigo, talvez até mais íntimo do que o que tem com seus velhos amigos.

É ainda mais provável que encontre apoio e empatia se mostrar seu ponto fraco a alguém que já se importa profundamente com você. Os pais são biologicamente ligados à preocupação com os filhos – não importa o quanto ajam de forma ríspida ou exigente. Revele suas feridas para eles e é muito provável que não derramem sal nelas. Em vez disso, eles irão ajudá-lo a encontrar uma forma de curá-las.

Tudo isso me leva de volta a Vijay. Depois de ler meu e-mail, ele foi até seu pai e contou-lhe seu medo de fracassar e decepcionar a família. E, para sua surpresa, seu pai não disse: "Estou desapontado com você". Ele não criticou. Ele não fez nada do que Vijay temia. Em vez disso, ele o compreendeu. E também mostrou seu ponto fraco explicando que sabia que, às vezes, era impaciente e que suas próprias falhas o estavam impedindo de ouvir Vijay. Juntos, eles conversaram e criaram soluções. O filho não iria levar tão a sério as cobranças de seu pai que, por sua vez, seria menos impaciente. E, não importava o resultado dos exames, ambos ficariam bem.

Depois dessa conversa, recebi um e-mail de Vijay, dizendo: "Eu não sabia que não havia problema em estar com medo. Temia que meu pai, ou qualquer outra pessoa, não me aceitasse se eu cometesse algum erro". Em vez disso, ele aprendeu o que todos nós descobrimos em algum momento de nossa vida: dizer simplesmente "Fiz besteira" ou "Estou com medo" é, em geral, a atitude mais inteligente quando se trata de impactar outra pessoa.

Em outras palavras, a vulnerabilidade assertiva não é uma fraqueza – é poder.

INFORMAÇÃO ÚTIL
Quando estiver preocupado e tudo em você o faz querer mostrar os dentes, mergulhe profundamente em si mesmo, sinta seu próprio medo, e exponha seu ponto fraco.

ETAPA DE AÇÃO
A próxima vez que sentir medo ou angústia, não finja que não está sentindo. Em vez disso, identifique as pessoas das quais está tentando esconder suas emoções, e diga a verdade a elas.
Na próxima vez que você suspeitar que alguém está assustado ou angustiado, encoraje-o a falar a respeito. E então, faça-o saber que o respeita por ter coragem de dizer "estou com medo" ou "cometi um erro".

11. EVITE PESSOAS TÓXICAS

"Um indivíduo tóxico rouba sua autoestima e dignidade, bem como envenena a essência de quem você é."
— Lilian Glass, psicóloga

Adoro me relacionar com pessoas e faço o possível para promover isso. Sou um grande fã do lema do meu sócio Keith Ferrazzi, "nunca almoce sozinho", e muito grato, pois quase todos os indivíduos que encontro enriquecem minha vida.

Mas, às vezes, estender a mão é um erro. Essa é uma lição que tive que aprender sozinho, da maneira mais difícil.

Há quatro anos, passei por uma cirurgia de emergência que me salvou. Durante minha convalescença, tive a chance de pensar longamente a respeito de alguns dos meus motivos de estresse — coisas que me deixavam menos saudável do que eu poderia ser e que me impediam de aproveitar a vida ao máximo. E, embora possa parecer estranho, vindo de um psiquiatra, a primeira palavra da minha lista era *pessoas*.

Mas não as pessoas em geral. Na verdade, as que causavam o meu estresse eram as tóxicas: aquelas que são fáceis de aborrecer e difíceis de agradar, que me decepcionavam sempre, não cooperavam nem jogavam limpo, que se justificavam ou culpavam outras pessoas com frequência.

Naquele momento, ainda na cama do hospital, tomei a decisão de manter pessoas assim fora da minha vida no futuro. Cumpri essa promessa e, como resultado, me tornei mais saudável, feliz e bem-sucedido em todas as áreas. Então, como você está se aprimorando em minhas técnicas para impactar pessoas, espero que faça a mesma promessa a si mesmo.

Apesar deste livro falar sobre como se conectar às pessoas para tornar sua vida melhor, existem indivíduos que não querem melhorar sua vida. Pelo contrário, querem destruí-la. Alguns querem sugá-lo até o fim, enquanto outros querem enganá-lo, prejudicá-lo, intimidá-lo ou torná-lo o bode expiatório de seus erros. Para salvar a si mesmo, você precisa tirar o poder dessas pessoas de feri-lo.

Há três formas de fazer isso. A primeira é confrontá-las diretamente. A segunda é neutralizá-las. A terceira é se afastar e garantir que elas não irão segui-lo.

Sei que você está pensando: "É fácil falar...". Às vezes, você está tão amarrado financeira ou emocionalmente a elas que se torna difícil fazer o que eu chamo de 'imbecilectomia'. Mas, doa a quem doer, lidar com essas pessoas (ou expulsá-las completamente de sua vida), é fundamental para seu sucesso e sua sanidade. Veja como identificá-las – e como se defender delas.

Pessoas carentes

Existem os ligeiramente carentes, que não são grandes problemas, e existem os que "drenam o seu sangue". É com os indivíduos do segundo tipo que você deve se preocupar.

Pessoas patologicamente carentes podem estripá-lo emocional ou financeiramente, ou ambos. São aquelas que enviam mensagens do tipo: "Só você pode resolver meus problemas", "Não consigo fazer nada sem você", "Minha felicidade depende totalmente de você", "Se você me deixar, eu morro". Ao contrário das pessoas *necessárias* – que pedem auxílio apenas quando precisam e apreciam quando recebem – pessoas *necessitadas* exigem ajuda e atenção constantes, usam chantagem emocional para obtê-las e demonstram gratidão apenas se isso mantiver o outro cativo.

Pessoas sempre carentes sugam sua vida, pois não importa o que fizer por elas, nunca é o bastante. Elas não se inclinam na sua direção para obter um apoio ocasional, elas se inclinam *sobre* você até sufocá-lo. E, quando agarram, quase nunca soltam. (E por que o fariam?) Tente arrancá-las e elas se agarrarão ainda com mais força.

Essas pessoas se recusam a tomar decisões ou resolver problemas por conta própria. Elas querem que você passe horas ajudando-as a solucionar suas questões. Ajude-as em uma crise e logo irá encontrá-las chorando inconsolavelmente em outra. E você afundará cada vez mais na areia movediça sempre que tentar puxá-las.

Você também se sentirá depressivo e incompetente se passar muito tempo com alguém assim, porque vai se arrebentar e não ouvirá nada em troca, exceto: "Ainda estou quebrado. Ainda estou triste. Você falhou. Prometeu que me salvaria, mas não o fez". Essa é a receita clássica para o déficit de receptores dos neurônios-espelho sobre o qual falei no Capítulo 2.

Como saber se está lidando com uma pessoa patologicamente carente? Se suspeitar que está preso nessa situação, avalie o indivíduo em questão em uma escala de 1 a 3 (1 = de jeito nenhum; 2 = às vezes; 3 = quase sempre):

- A pessoa lamenta?
- Reclama?
- Sai como vítima em qualquer situação?
- Parece estar sempre dizendo: "Sinta pena de mim"?
- Quer ser a coitadinha?
- Chora ou reage como se estivesse profundamente magoada quando algo não acontece do jeito dela?
- Tenta fazer com que você se sinta culpado?
- Você tem a sensação de que ela é um poço sem fundo, cujas necessidades nunca podem ser atendidas?
- Você quer evitar essa pessoa?
- Você sente um nó no estômago quando recebe uma mensagem de voz ou e-mail dela?
- Você tem vontade de gritar para ela: "Seja mais forte!"?
- Você se sente culpado porque se flagra torcendo contra essa pessoa?

Veja como classificar suas respostas:
12 – *baixa manutenção*: uma pessoa que vale a pena manter em sua vida.
13-24 – *manutenção média*: esse relacionamento realmente compensa o seu tempo?

25-36 – *alta manutenção*: afaste-se (se puder) antes que essa pessoa sugue a sua alma.

Se você está em um relacionamento com uma pessoa patologicamente carente, a resposta óbvia é sair dele. Mas se essa relação é importante para você e ainda quer salvá-la, uma opção é dar ao outro a chance de mudar.

Por exemplo, Derrick adorou quando sua namorada Jada pediu sua opinião sobre o trabalho, vida e até mesmo sobre as roupas que ela usava, no início do relacionamento. Mas, finalmente, ele percebeu que sua carência não tinha fim e se cansou do fracasso dela em assumir a responsabilidade sobre a própria vida, de seus problemas incessantes e pedidos de ajuda emotivos, assim como de sua lamentação crônica.

Derrick me procurou em busca de uma solução e eu o aconselhei a usar uma abordagem que chamo de "confronto sísmico". Aconselhei-o a dizer o seguinte a Jada (deixando claro que aquilo seria doloroso para ele):

> Estou prestes a me afastar de você, porque quase todas as vezes que pergunto a respeito de algo que não fez, você inventa uma desculpa ou coloca a culpa em outra pessoa. E quase toda vez que eu a confronto sobre hábitos que precisa melhorar, sua reação é ficar magoada, começar a chorar ou se zangar. Todos nós nos sentimos decepcionados, magoados ou aborrecidos de vez em quando, mas no seu caso a raiva ou emotividade são constantes e isso torna o nosso convívio exaustivo. Você tem o direito de reagir da maneira que quiser, mas eu tenho o direito de me desculpar ou me afastar – e é o que farei. E isso não vai ajudar nosso relacionamento. Por isso, espero que comece a assumir a responsabilidade sobre si mesma e encontre uma maneira de não desmoronar quando estiver chateada.

Uma situação como essa pode se desenrolar de duas maneiras. Se a outra pessoa for inteligente o bastante para levar sua mensagem a sério, você perceberá uma mudança para melhor. Por outro lado, a pessoa pode se recusar a mudar, ou mesmo piorar seu comportamento carente;

nesse caso, você pode decidir que não vale a pena salvar o relacionamento, afinal.

Pode parecer um remédio muito forte, e não é algo que você deva dizer para qualquer pessoa, mas, em se tratando desses indivíduos excessivamente carentes, é preciso que o remédio seja forte. Ser carente é uma atitude e, é como dizem, toda ação tem uma reação, então essa é uma máxima duplamente verdadeira ao enfrentar o comportamento tóxico.

Um aviso importante se você está lidando com uma pessoa carente: às vezes, carências extremas e altamente patológicas podem ser um sinal do transtorno de personalidade *borderline*. As vítimas desse transtorno também apresentam os seguintes comportamentos:

- Elas exigem mais do que reclamam.
- Temem desesperadamente o abandono.
- Variam entre idealizar você ("Você é a razão da minha vida") e desvalorizá-lo ("Você é egoísta como todo mundo").
- Elas não possuem uma personalidade central. Parecem vazias porque são vazias, e para preencher esse buraco elas se agarram, como parasitas, a quem estiver mais próximo.
- Agem impulsivamente, procurando sexo arriscado ou dirigindo rápido demais, por exemplo.
- Têm mudanças extremas de humor, geralmente com explosões de raiva e ameaças de suicídio.
- Podem se comportar de forma paranoica ("Você finge que está preocupado, mas só quer me machucar").

Se estiver lidando com uma pessoa que age assim, você está com problemas. Sua opção mais segura, se o relacionamento ainda não estiver em um estágio profundo e não for importante para você, é fugir – mas com cuidado, pois indivíduos com esse transtorno de personalidade podem ser perseguidores.

O transtorno de personalidade *borderline* tem tratamento, mas até mesmo para um profissional é difícil ajudar essas pessoas. Experimente resgatar alguém com esse quadro por conta própria e vocês afundarão juntos.

Intimidadores

No meu ramo de trabalho, eu encontro pessoas vítimas de intimidação o tempo todo, mas pessoalmente quase nunca tentam me intimidar. Entretanto, a última vez que isso aconteceu foi bastante memorável.

Eu estava no julgamento de O. J. Simpson, assistindo aos procedimentos a pedido da promotoria. Os advogados queriam que eu oferecesse sugestões (às quais eles não deram muita atenção... mas essa é outra história).

De repente, em determinado ponto do julgamento, o infame advogado de defesa F. Lee Bailey perguntou a Mark Fuhrman – o investigador que estava sob ataque – se ele me conhecia. Apontando para mim na sala do tribunal, Bailey falsamente insinuou que eu havia treinado Fuhrman para dar seu testemunho. Imediatamente, me vi sob os holofotes e em rede nacional.

Mais tarde, em uma reunião com os advogados de acusação, Bailey tentou mais uma vez lançar a mesma acusação sobre mim. Mas eu conheço algumas peculiaridades sobre lidar com pessoas como ele, por isso não fiz o que estava esperando.

Por vários minutos, Bailey disse coisas, como: "Dr. Goulston, não sabemos exatamente por que o senhor está aqui, mas sabemos que esteve presente durante a maior parte do julgamento". Enquanto falava, eu apenas o olhava diretamente nos olhos. Em vez de dizer ou fazer qualquer coisa, eu simplesmente piscava de vez em quando.

Por fim, um outro advogado me olhou e disse: "Mark, você não disse nada". Naquele momento, falei: "Ele não me fez nenhuma pergunta". Voltei a encará-lo diretamente nos olhos e Bailey se encolheu um pouco.

Em seguida, ele perguntou se eu havia realizado uma lavagem cerebral, drogado, ou feito qualquer outra coisa para preparar Fuhrman para dar seu testemunho. Lembrei-me de quando ele encurralou Fuhrman durante o interrogatório, no inesquecível incidente com a palavra "crioulo". Estava claro que Bailey esperava que eu entrasse em pânico e dissesse algo estúpido que ele pudesse distorcer.

Mesmo quando se é inocente, ser interrogado por F. Lee Bailey é bastante intimidador. No entanto, eu tinha a vantagem de ver através do jogo dele: seu objetivo era me desarmar, frustrar e depois me ultrajar para que eu perdesse o controle.

Por isso, quando ele perguntou se eu havia drogado ou feito uma lavagem cerebral em Fuhrman – uma pergunta ultrajante – contei até sete e então limpei a garganta. Naquele ponto, todos na sala estavam esperando sem fôlego para ouvir o que eu diria. Contei novamente até sete e disse a Bailey: "Desculpe-me, minha mente vagou nos últimos minutos. Por favor, você pode repetir o que disse?".

Ele ficou absolutamente estupefato. Como eu ousava achar o advogado mais intimidador do mundo tão chato que havia me distraído? E, depois disso, ele desistiu – provando que, se não fazemos o jogo de um intimidador, geralmente ele não tem um plano B.

A lição é simples: intimidadores lançam-se sobre pessoas que eles acreditam serem presas fáceis. Recuse-se a entrar no jogo deles e, normalmente, eles irão desistir e procurar um alvo mais fácil.

Às vezes, é claro, não há uma boa maneira de enfrentar um tirano. Por exemplo, se você precisa desesperadamente de seu emprego atual e seu chefe tem o poder de contratar e demitir a bel-prazer, suas únicas opções reais podem ser manter-se discreto, diminuir o contato com ele ou procurar um ambiente de trabalho menos tóxico. Entretanto, mesmo em casos como esse, você será um alvo menos desejável se parar de parecer vulnerável.

Quando um tirano tenta intimidá-lo atacando-o verbalmente, faça o seguinte: mantenha o contato visual; aja de forma perfeitamente educada, mas ligeiramente entediada, como se sua mente estivesse em outro lugar; faça com que sua linguagem corporal transmita a mesma mensagem – fique em pé, relaxado e incline a cabeça como se estivesse ouvindo, mas não muito; deixe seus braços pendurados casualmente, em vez de cruzá-los de forma defensiva sobre o peito – em geral, essa reação faz com que os intimidadores se sintam desconfortáveis, ou até mesmo tolos, e acabem recuando.

Se estiver em uma posição que permita correr alguns riscos, existem mais opções quando se trata de lidar com esses valentões. Minha abordagem favorita, que pega a maioria deles desprevenidos, é revidar – com força. Intimidadores se comportam dessa maneira porque se safam, mas lá no fundo muitos deles sabem que não é uma estratégia ideal. Às vezes, eles só precisam de alguém para lhes dizer isso diretamente.

"O que me deixa mais feliz neste exato momento é que não trabalho para você", falei enfaticamente.

"O quê?", respondeu surpreso meu companheiro de jantar. Eu havia acabado de conhecer Frank, um vice-presidente de vendas de uma empresa em crescimento, e ele já fizera um comentário presunçoso e sexualmente humilhante para nossa garçonete no famoso Polo Lounge do Beverly Hills Hotel. Ela só pôde lhe lançar um sorriso desconfortável e olhar para mim, como se perguntasse: "Quem é esse seu amigo assustador?".

Olhei Frank nos olhos. "Sim, eu não gostaria de trabalhar para você, pois ficaria com muito medo de lhe contar se cometesse algum erro. Isso porque você tem uma capacidade de desdém que atravessa a fronteira do abuso. A vida é muito curta para suportar uma droga de tirano como você".

O queixo dele caiu. Olhando incrédulo para mim, ele disse: "Ninguém nunca falou comigo dessa maneira".

"Bem", eu disse, já que realmente o estava intimidando naquele momento, "talvez seja preciso ser um tirano para reconhecer alguém semelhante. Mas, o que importa é... o que eu disse é verdade?".

"É verdade. Isso me custou um casamento, o relacionamento com meus filhos e um emprego", confessou Frank. Então, ele se inclinou para a frente e, como se não quisesse ser ouvido por ninguém, sussurrou: "Tem cura?".

Respondi, sem hesitar: "É um vício. O melhor que você pode vir a ser é um tirano em recuperação. Terá que trabalhar nisso todos os dias, caso contrário irá reincidir. Mas acho que valerá a pena, porque no final de sua vida você será menos amargo e terá mais amigos, e as pessoas não precisarão mentir no seu velório, inventando coisas boas para dizer a seu respeito. Vai conquistar mais do que pensou ser possível".

Ele riu. "Você pode me ajudar?".

Refleti por um momento. "Estou tentando descobrir se você é um tirano na sua essência. Se gosta de atacar pessoas, especialmente aquelas que não podem revidar como a nossa garçonete aqui, então eu não irei ajudá-lo", falei. "Isso porque você já tirou da vida mais do que merece. E, mais do que isso, eu ainda ajudaria alguém que tenha sido tiranizado por você a atacá-lo. No entanto, se você age com intimidação para que assim as coisas sejam feitas do seu jeito e não conhece uma forma melhor para isso, então há alguma chance. Eu poderia trabalhar com você".

Depois desse comentário, fiz uma pausa para ver qual seria sua reação. E ele me contratou.

Assim como esse cara, muitos intimidadores estão tão acostumados a ver suas vítimas se prostrando e encolhendo – e reagem com tanta soberba diante disso – que se surpreendem muito quando alguém revida com intimidação. É um movimento muito arriscado, mas a recompensa pode ser grande. Entretanto, só tente essa abordagem se não se importar de perder um cliente ou contrato e certifique-se de ter uma estratégia, caso precise sair.

Aproveitadores

Você conhece essas pessoas. São aquelas que ligam todos os dias para pedir um favor ("Você poderia atender as ligações para mim?", "Levar meus filhos ao treino de futebol?", "Pagar a conta do almoço?"). Estranhamente, no entanto, elas nunca parecem ter tempo ou energia para ajudá-lo em troca.

Em geral, essas pessoas não irão arruinar a sua vida, mas podem arruinar seu dia. Elas podem fazê-lo parecer improdutivo (porque você está fazendo o trabalho delas em vez do seu), deixá-lo ressentido e tirar de você um tempo para as coisas que deseja realizar.

Evite aproveitadores quando puder, mas, se isso não for possível, neutralize-os. Como? É fácil. Na próxima vez que um aproveitador lhe pedir um favor, siga este roteiro:

> **Aproveitador:** Ei, você poderia fazer os gráficos para a minha apresentação com o PowerPoint? Sei que eu devia fazê-los, mas estou sobrecarregado.
> **Você:** Claro. Tudo bem! E você pode me ajudar assumindo a orientação do estagiário na quinta-feira.
> **Aproveitador:** Ahhhh...
> **Você:** Acho que você não se importa de retribuir um favor para mim, não é?
> **Aproveitador:** Ahhh...

Faça isso uma ou duas vezes – e em todas elas *insista* em um toma lá dá cá – e o aproveitador se tornará a presa mais fácil. Além disso, identifique-os com antecedência e sempre tenha uma solicitação pronta para trocar pelo "favor". Essa é uma ótima abordagem, pois você não diz "não", nem fica zangado ou dá a ele um motivo para se ofender. Assim, você não cria um inimigo, simplesmente se livra da pessoa que sai em busca de outra vítima.

Narcisistas

Esses indivíduos não querem feri-lo, mas também não dão a mínima para você – exceto como plateia para admirar a maravilha que eles são. Narcisistas não espelham os seus sentimentos e emoções, porque estão muito ocupados repetindo: "Espelho, espelho meu – existe alguém mais belo do que eu?" e respondendo a si mesmos: "Eu sou o mais belo!". Um amigo meu, Edward Hollander, os chama de "masturbadores mentais", pois na verdade querem apenas afagar a si mesmos.

O lema de um narcisista é: "Então... chega de falar sobre você". (E isso acontece mesmo que você ainda não tenha aberto a boca!). Narcisistas estão sempre no centro do palco esperando que você os aplauda. Eles irão interromper suas histórias, ignorar seus sucessos e apregoar os deles, e esperar que você trate dos problemas deles com muito mais seriedade do que dos seus, que eles consideram insignificantes.

Entretanto, os narcisistas (ao contrário dos psicopatas, sobre os quais falarei mais adiante) não são necessariamente pessoas más. Geralmente, são apenas vaidosas. Às vezes é até bom trabalhar com elas, desde que você entenda seu comportamento. Por exemplo, se o seu sócio é um narcisista, não tenha expectativas de que ele irá fazer qualquer coisa que não seja de seu próprio interesse. Dessa forma, você não se sentirá decepcionado quando ele agir narcisisticamente, uma vez que seu espírito já estará preparado.

Como saber se você está lidando com um narcisista? Faça esta "pesquisa de grau de narcisismo", classificando-o em uma escala de 1 a 3 (1 = raramente; 2 = às vezes; 3 = frequentemente):

- Com que frequência o indivíduo precisa estar certo a qualquer custo?
- Com que frequência ele se comporta de forma impaciente com você sem motivo aparente?
- Com que frequência ele o interrompe na metade do que você está dizendo e ainda se ofende se você o interromper?
- Com que frequência ele espera que você abandone o que estiver pensando e o escute – e se ofende quando você espera que ele faça o mesmo?
- Com que frequência ele fala mais do que ouve?
- Com que frequência ele diz "Sim, mas", "Isso não é verdade", "Não", "Contudo" ou "Seu problema é"?
- Com que frequência ele resiste e fica ressentido por fazer algo importante para você, apenas por ser incômodo?
- Com que frequência ele espera que você faça alegremente algo que é incômodo para você?

- Com que frequência ele espera que você aceite um comportamento que ele se recusaria a aceitar de você?
- Com que frequência ele deixa de dizer: "Obrigado", "Sinto muito", "Parabéns" ou "Com licença" quando é necessário?

Para calcular os resultados, some o total:
10-16 = O indivíduo é colaborativo.
17-23 = O indivíduo é argumentativo.
24-30 = O indivíduo é um narcisista.

Se você não pode mudar um narcisista, deve aproximar-se ou afastar-se dele? Depende, pois esses indivíduos podem ser parceiros empolgantes em relacionamentos pessoais ou de trabalho. Quase todos os políticos são narcisistas (quem mais sujeitaria suas famílias a tudo aquilo?). Assim como a maioria dos atores, advogados e CEOs determinados.

Narcisistas costumam ser muito bem-sucedidos na vida, e acompanhá-los na caminhada pode ser uma experiência inebriante. Algumas vezes, pode levá-lo a altas posições. Em outras, irá humilhá-lo. A escolha é sua – mas não espere um relacionamento de igualdade se decidir ficar.

Psicopatas

Anos atrás, o pesquisador Robert Hare enviou um artigo a uma revista científica e recebeu uma resposta muito estranha. O artigo, redigido por Hare e seus alunos de pós-graduação, continha fotos de eletroencefalogramas (EEGs – desenhos das ondas cerebrais) de homens adultos executando uma tarefa de linguagem simples. Ao rejeitá-lo, o editor afirmou que os EEGs "não poderiam ser de pessoas reais".

De certa forma, ele estava certo. Os exames eram de psicopatas: pessoas cruéis e de sangue frio que parecem não ter uma parte essencial do que nos torna humanos. Essas pessoas são diferentes do resto de nós biologicamente, e emocionalmente também.

Cerca de uma em cada cem pessoas é psicopata, e a maioria delas não está atrás das grades. Na verdade, os traços essenciais de um psicopata clássico – frieza, falta de empatia, egocentrismo, crueldade – estão em alguns dos líderes empresariais de maior sucesso financeiro do mundo. Aqueles menos "brilhantes" acabam na prisão, mas os mais inteligentes algumas vezes se tornam CEOs. Eles também são sexualmente atraentes e têm um encanto superficial, por isso muitos estão presentes em filmes românticos. Em sua maioria são homens, mas os que têm mais sangue frio são mulheres.

Você provavelmente irá encontrar uma dessas pessoas em algum momento da sua vida. Caso isso aconteça, siga esta regra: afaste-se. Saia. Corra. Arranque seu próprio braço para escapar da armadilha, se for preciso. Porque elas irão arruiná-lo financeiramente, esmagá-lo emocionalmente e destruir sua vida se isso lhes trouxer algum proveito – e nunca olharão para trás.

A maior parte das pessoas comete o erro de tentar argumentar com um psicopata ou tocar seu coração. Mas não é possível tocá-los emocionalmente. Tampouco conquistá-los, fazer com que sintam pena de você ou queiram ajudá-lo de alguma forma. Eles podem fingir que se preocupam com você (na verdade, eles são extraordinariamente bons em fraudar emoções), mas não o fazem. Muitas vezes, eles sabem como diminuir seu déficit de neurônios-espelho e podem deixá-lo encantado. Contudo, só o fazem para manipulá-lo.

Como identificar um psicopata? É mais difícil do que você imagina. Eles manipulam pessoas como peças de xadrez, sem levar em consideração a dor que causam. São predadores que gostam de adrenalina. Mentem com facilidade e não se importam se são descobertos. São lisonjeiros, carismáticos e charmosos. Querem ter poder e fazem o que for preciso para consegui-lo. Usam as pessoas para fins sexuais ou financeiros e depois as descartam.

Repetindo, não cometa o erro de pensar que pode "lidar" com eles. Eu ganho a vida tentando me fazer compreender pelas pessoas, e sou realmente muito bom nisso, mas nenhuma das abordagens que ensino neste livro irá funcionar com um psicopata. Basicamente, esses indivíduos não possuem mecanismos neurais para responder a você com reciprocidade, de forma moral ou ética. Pense em um psicopata como um animal exótico, mas mortal – um escorpião, por exemplo – e mantenha distância. Faça isso mesmo que perca dinheiro, uma promoção ou o emprego. Não importa o preço, você vai pagar muito mais caro se permanecer conectado a ele.

Consultando o espelho: quem é o problema?

As pessoas sobre as quais falei aqui são alguns dos tipos tóxicos que você encontrará na vida. Existem muitos outros, mas a maioria deles é fácil de acessar e de mudar (e ainda mais fácil de evitar, se você for inteligente). Nos capítulos a seguir, você encontrará métodos de neutralizá-los, de se livrar deles, ou até mesmo de transformá-los em pessoas valiosas.

Entretanto, ao se deparar com pessoas tóxicas e tentar analisar seus problemas, mantenha sempre em mente o seguinte: é possível – apenas remotamente possível – que a pessoa com o problema seja *você*?

Por exemplo, se você é aquele cara que pensa que toda garota com quem namora é louca, talvez seja preciso olhar no espelho para encontrar a origem do problema. De um lado, pode ser que se sinta atraído por mulheres problemáticas com quem só pode ter relacionamentos infelizes. Do outro, você pode estar responsabilizando suas namoradas por suas próprias questões pessoais. Talvez elas pareçam histéricas porque realmente são ignoradas por você, dependentes e choronas por causa de suas promessas não cumpridas, paranoicas por seu comportamento desonesto ou evasivo, ou sofrerem de transtorno de personalidade por terem sido manipuladas e abandonadas alternadamente. (Como é possível saber? A melhor forma de ter certeza é observar se essas mulheres "consideradas" loucas estão vivendo casamentos felizes ou relacionamentos longos depois de alguns anos. Sendo assim, essa é uma grande pista.)

Quando der uma boa olhada no espelho, talvez perceba que quem é um pouco louco é você. Mas não se preocupe. Todos nós somos problemáticos de diferentes formas, e o que separa as pessoas boas das tóxicas é a capacidade de encarar esses desajustes e tirar lições deles. Ouça alguém que realmente conhece o assunto.

Eu estava voltando para casa furioso. Sete minutos antes, minha esposa havia passado dos limites. Ela me interrompeu no meio de uma sessão de psicoterapia com um paciente bastante perturbado. Nessas consultas, minha concentração tende a ser bem intensa. Eu já a advertira, diversas vezes, para não me telefonar nessas ocasiões. (Aparentemente, naqueles dias só era possível me ouvir se me pagassem.)

Peguei o fone, já sabia que era ela e falei: "O que é?" (que significava *"Por que diabos você está me ligando?"*). Sua voz denotava uma falta de consideração por me interromper.

Contudo, no segundo seguinte, ela disse em um tom desesperado: "Por favor, não fique zangado comigo! Estou deitada no chão do banheiro e não consigo me mexer", continuou. Naquele momento, percebi que ela tinha coisas muito maiores para se preocupar do que temer a minha reação. Estava apavorada.

"Estou chegando!", falei, com uma voz firme e segura. Desculpei-me com meu paciente, dizendo que estava com uma emergência familiar e que precisaríamos continuar nossa sessão em outro momento. Entrei em meu carro, liguei para a emergência, e eles colocaram a minha chamada em espera.

Enquanto dirigia, a frustração que sentia em relação à telefonista da emergência era bem fraca em comparação com a fúria que sentia por mim mesmo – como eu podia ser tão hipócrita? –, por aparentemente ter informado à minha esposa que ela não poderia me ligar em situações como esta. E as duas coisas encobriam meu próprio medo do que poderia estar acontecendo.

Ao chegar em casa, subi correndo as escadas até o banheiro, onde minha mulher me disse: "Obrigada por ter vindo para casa, por favor, não fique zangado comigo".

Pelas minhas estimativas, eu nunca havia sido abusivo, mas o limite rígido que estabeleci em relação a receber chamadas durante o trabalho claramente se transformou em abuso, ou ao menos em um enorme fracasso em minha função de proteger as pessoas que amo.

"Não se preocupe, tudo vai ficar bem, e *não* peça desculpas", falei, perguntando a mim mesmo que tipo de marido egocêntrico e porcaria eu era por colocar minha esposa em uma posição de ter medo de me ligar, mesmo temendo por sua própria vida.

A propósito, o problema foi o rompimento de um cisto ovariano e tudo acabou bem. Entretanto, naquele momento percebi que minha esposa e meus filhos deveriam pelo menos ter o privilégio que dei a meus pacientes, de me interromperem a qualquer hora e em qualquer lugar, se estivessem em situações difíceis.

Eu agi de maneira estúpida em negar a eles aquele direito? Sim.

Meu comportamento foi tóxico? Sim.

Mas, como eu disse, todos nós fazemos besteira. A chave, se você se flagrar sendo tóxico, é garantir que nunca mais cometerá o mesmo erro no futuro. No meu caso, a mensagem foi clara: doutor, cure a si mesmo.

INFORMAÇÕES ÚTEIS

Se você hesita em dizer "não", talvez seja um neurótico. Se está realmente com medo de dizer "não", é provável que esteja lidando com uma pessoa tóxica. E se ninguém nunca lhe diz "não", o tóxico pode ser você.

ETAPA DE AÇÃO

Faça uma lista com os nomes das pessoas que desempenham papéis importantes na sua vida. Ao lado de cada nome, responda estas perguntas: Posso contar com essa pessoa para me dar ajuda prática? Apoio emocional? Apoio financeiro? Socorro rápido e voluntário se eu estiver com problemas? Se você encontrar muitas respostas negativas, reflita se pode esperar mais dessa pessoa – ou se deve tirá-la de sua vida.

Agora, vamos à parte difícil: faça uma lista com os nomes das pessoas que contam com *você* e responda as mesmas perguntas: Você oferece ajuda prática a essas pessoas? Apoio emocional? Apoio financeiro? Socorro rápido e voluntário se elas estiverem com problemas? Se for honesto, você provavelmente encontrará algumas respostas que o farão estremecer. Nesse caso, tome as medidas necessárias para se tornar alguém positivo – e não tóxico.

Parte III

12 FORMAS RÁPIDAS E FÁCEIS DE OBTER A ADESÃO E DE SE FAZER COMPREENDER

Agora que conhece as regras básicas para impactar pessoas, você está pronto para se armar com algumas ferramentas a fim de movimentar as pessoas ao longo do Ciclo de Persuasão.

As técnicas a seguir levam apenas alguns minutos, mas elas podem mudar o curso de um projeto de negócios, uma venda, um relacionamento ou mesmo de uma vida. Adicione-as ao seu arsenal de comunicação e conseguirá se fazer compreender por pessoas que nunca imaginou que pudesse impactar.

Identifiquei os pontos-chave do Ciclo de Persuasão em que cada intervenção geralmente é mais eficaz, mas elas são bastante flexíveis – por isso, use-as em qualquer momento e em qualquer situação quando seu objetivo for persuadir alguém a fazer o "impossível".

12. A QUESTÃO DA IMPOSSIBILIDADE

Benefício: *mover o indivíduo de ouvir para considerar, e de "Sim, mas..." para "Sim!".*

"A maioria das coisas que vale a pena fazer no mundo foi declarada impossível antes de ter sido feita."
– Louis D. Brandeis, juiz da Suprema Corte dos Estados Unidos no século XX

Pássaros podem voar, mas pessoas não. Você não pode gravar músicas. Você não pode vender Pet Rocks*. E você certamente não pode se tornar um milionário vendendo livros *on-line*.

Por quê? Porque todo mundo diz que não... ou, pelo menos costumava dizer. É claro que isso foi antes de alguém fazer cada uma dessas coisas.

Se você é um deles – um Thomas Edison, Wilbur Wright, Gary Dahl ou Jeff Bezos, que está tentando transformar uma visão em realidade – seu maior problema não é perceber que seu objetivo é possível. É convencer outras pessoas a verem que ele é possível. É conseguir que seus colegas de trabalho, clientes, funcionários, chefe, investidores ou sua família passem de "nós não podemos fazer" para "talvez possamos fazer" e então para "vamos fazer".

Anos atrás, Dave Hibbard, o cofundador da Dialexis, me ensinou um dos truques mais poderosos para mudar situações em que se está refém de pessoas que não conseguem passar do "não é possível". Ele o chamou de "Questão da Impossibilidade", mas gosto de chamá-lo de "chutar traseiros".

A Questão da Impossibilidade funciona com pessoas que estão em algum lugar entre resistir e ouvir, mas não estão prontas para começar a considerar. Normalmente, elas estão oscilando entre medo ("essa é uma

---
* Marca de uma empresa que comercializava pedras como animais de estimação. (N. T.)

ideia ameaçadora, vai falhar e me arruinar") e apatia ("isso pode ser uma boa ideia, mas parece exigir muito esforço da minha parte"). Se tiver sorte, talvez possa haver uma centelha de interesse em algum lugar delas ("Humm... será que funcionaria? Quem sabe?"). Mas, sem um empurrão, sua ideia não vai a lugar nenhum. Esse empurrão poderoso é a Questão da Impossibilidade.

Veja como funciona:

Você: O que seria impossível de ser feito, mas que, se fosse possível, aumentaria dramaticamente o seu sucesso?
Outra pessoa: Se eu pudesse _____, mas isso é impossível.
Você: Ok. O que tornaria isso possível?

É isso, apenas duas perguntas rápidas. "O que seria impossível?" e "O que tornaria possível?".

O que há de tão poderoso nessas duas perguntas? Elas movem uma pessoa de sua posição defensiva e fechada ou de sua postura egoísta e repleta de justificativas para uma atitude aberta e reflexiva. E fazem com que ela imagine sua visão como realidade e passe a cooperar, pensando estrategicamente em como alcançar essa realidade.

Quando pede às pessoas que lhe digam algo que é impossível, você está essencialmente fazendo com que elas digam algo positivo: "Eu acredito que isso seja possível". Pensar e dizer isso muda a mente delas para um movimento positivo (concordar) na sua direção. Uma vez que estejam no modo "Sim" *versus* "Não" ou "Sim, mas" e você concorda, mas acrescenta um toque – "O que tornaria isso possível?" –, elas estão prontas para cooperar.

Essa abordagem é, de certa forma, parecida com um golpe de artes marciais em que, em vez de revidar, usa-se o ataque ofensivo do oponente contra ele mesmo, desequilibrando-o. Ela funciona porque, em vez de resistir ao movimento, você o espelha e o convida, fazendo com que a outra pessoa perca o equilíbrio. Uma vez que isso acontece, o outro se move de resistir ou pensar para considerar, e você consegue a tração.

Isso não significa que ele irá aderir instantaneamente. Às vezes, a primeira resposta será sarcástica ou hostil: "Bem, se me desse um milhão e uma equipe de oitenta pessoas, eu poderia cumprir esse prazo". Mas espere em silêncio e a mente da outra pessoa processará sua pergunta e ela se sentirá compelida a lhe dar uma resposta. Na verdade, você criou uma comichão que precisa ser abordada na mente dela, e a única forma de fazer isso é respondendo à pergunta. Quando receber essa resposta, você conseguiu.

Há vários anos, usei a Questão da Impossibilidade com um produtor no programa de televisão *The View*. Ele havia realizado um trabalho competente ao me preparar para um segmento no qual eu era o especialista convidado, e começamos a conversar sobre seu sonho de se tornar produtor-executivo. Ele era inteligente, criativo e talentoso, mas eu pude notar que ainda estava preso no "não é possível", ao ouvi-lo dizer coisas como: "Não posso fazer o que quero porque há muita competição, é um ramo cruel e eu não tenho a vantagem que preciso".

Então, perguntei a ele: "O que seria algo impossível, mas caso fosse possível, iria acelerar rapidamente sua carreira e seu desejo de se tornar um produtor-executivo?".

No início, ele hesitou, e então respondeu: "Se eu pudesse saber onde está Chandra Levy" (isso foi antes de ela ser encontrada morta em Washington, DC), "e conseguisse uma entrevista exclusiva dela com Barbara Walters, isso me colocaria em destaque e me ajudaria muito a realizar o que quero".

Eu respondi: "Então, mesmo que isso não aconteça, se conseguir uma entrevista exclusiva de Barbara com um convidado muito requisitado, o resultado para sua carreira seria o mesmo. Certo?".

"Certo", respondeu. Ele parou quando estava prestes a deixar a sala, voltou-se para mim e disse: "Tenho feito esse tipo de trabalho por mais de dez anos e *nunca* um convidado me fez uma pergunta tão útil. Obrigado". Sem ter planejado, eu também consegui realizar o impossível para mim mesmo – que foi me tornar inesquecível para um produtor que deve lidar com centenas de convidados como eu em um ano.

De que maneira você pode usar a Questão da Impossibilidade em sua própria vida? O poder dessa questão está em sua flexibilidade: ela funciona em qualquer situação profissional ou pessoal, em que progredir seja vital, mas que as pessoas insistem em repetir "isso não pode ser feito". Veja dois exemplos rápidos.

1 – A QUESTÃO DA IMPOSSIBILIDADE EM VENDAS
Gerente de vendas: O que seria impossível de ser feito, mas que se fosse possível aumentaria dramaticamente suas vendas?
Vendedor: Se eu conseguisse que a Empresa X experimentasse nosso sistema de gerenciamento de pagamentos, que é muito melhor do que o que eles estão usando agora, isso nos proporcionaria outro nível de clientes.
Gerente de vendas: Certo, o que tornaria isso possível?
Vendedor: E se o nosso CEO encontrasse uma maneira de conversar com o CEO da Empresa X, uma vez que ambas são do mesmo porte? E, ei... talvez nosso pessoal de marketing possa encontrar uma maneira de convidar alguns CEOs de outras empresas para uma reunião – algo divertido que nosso CEO e a empresa possam sediar.
Gerente de vendas: Hum, não é uma má ideia. Não seria fácil realizar, mas não é impossível.

2 – A QUESTÃO DA IMPOSSIBILIDADE NO ATENDIMENTO AO CLIENTE
Gerente do departamento de atendimento ao cliente de uma empresa de vendas de software corporativo: O que seria impossível de ser feito, mas que se fosse possível aumentaria dramaticamente a satisfação de nossos clientes com nossos produtos?
Membro da equipe de atendimento ao cliente: Sermos capazes de ler as mentes de nossos clientes e prever o que poderia ser um problema depois que eles adquirissem um produto, pois eles são os que tendem a fazer propagandas negativas a nosso respeito para todos que conhecem.
Gerente: O que tornaria isso possível?
Membro da equipe: E se perguntássemos aos clientes, no momento da aquisição de nossos produtos, se podemos ligar para eles uma semana depois da compra para saber como o aplicativo está

funcionando e oferecer-lhes dicas adicionais de como aproveitá-lo ainda mais? Assim, seria possível descobrir quem está tendo problemas e resolvê-los.

Gerente: Ótimo. Vamos fazer isso.

É simples assim e funciona em qualquer dinâmica: entre colegas de trabalho, patrão e empregado, e até de empregado para patrão. Mas não mantenha a Questão da Impossibilidade trancada em sua gaveta no escritório, porque ela também é uma excelente ferramenta para mudar as coisas em casa.

Por exemplo, pergunte a seu parceiro: "O que possibilitaria passarmos mais tempo com nossos filhos, trabalhar menos e, ainda assim, ficarmos bem financeiramente?". Ou pergunte a um adolescente: "O que tornaria possível para você estar em segurança e ainda assim poder fazer muitas das coisas que realmente deseja fazer?". Ou pergunte a uma mãe ou pai idoso: "O que possibilitaria que você se sentisse menos infeliz por deixar de dirigir?".

Ao fazer isso, as pessoas às quais se conecta irão resolver problemas que você considerava insolúveis. Na verdade, elas deixarão de ser o problema para serem a solução – e as possibilidades serão infinitas.

> **INFORMAÇÃO ÚTIL**
> Peça que as pessoas lhe digam o que consideram impossível e elas se abrirão para pensar no que é possível.
>
> **ETAPA DE AÇÃO**
> Peça a alguém, em casa ou no trabalho, para citar um objetivo impossível de realizar ou alcançar. Responda com: "Concordo com você. Isso parece impossível, mas o que tornaria isso possível?". Depois, ajude a pessoa a pensar nos passos que transformariam esse objetivo em realidade.

13. O PARADOXO MÁGICO

Benefício: mover o indivíduo de resistir para ouvir – de "ninguém entende" para "você entende".

> "Faça o inesperado. O previsível é tedioso.
> O previsível é desprezível."
> – STEVE STRAUSS, AUTOR DE *THE SMALL BUSINESS BIBLE*
> [A BÍBLIA PARA PEQUENAS EMPRESAS]

A maioria das mágicas depende do movimento das mãos, mas o Paradoxo Mágico é um truque da mente. Quando você age como se seu objetivo fosse exatamente o oposto do que está tentando realizar, isso é o Paradoxo Mágico – e como o nome sugere, é uma mágica poderosa.

Essa técnica permite acessar as pessoas na parte mais difícil do ciclo de comunicação: bem no início, quando você precisa que elas passem de resistir para ouvir e depois considerar. É um primeiro passo clássico na negociação de reféns, e ela é igualmente poderosa em uma crise nos negócios.

Para saber como o Paradoxo Mágico funciona, imagine o seguinte cenário: você é gerente e seu subordinado, Art, não está produzindo. Você sabe que ele está passando por um divórcio, tem lhe dado o máximo de folgas possível, mas agora ele está implodindo e o resultado do projeto está em risco. Você não quer demiti-lo porque sabe que ele pode fazer o trabalho e não há tempo para treinar outra pessoa. Mas você precisa fazer com que ele se mova e trabalhe de alguma forma, caso contrário toda a equipe estará em apuros.

Eis o que você *não* deve fazer se for inteligente: não vá até Art e diga algo do tipo: "Olha, sei que as coisas estão difíceis, mas você precisa se organizar para ser mais eficaz. Você sabe como fazer o trabalho, e eu sei que pode realizá-lo. Basta definir algumas metas e tenho certeza de que conseguirá. Todos nós estamos sob pressão e contamos com você".

Se fizer isso (como a maioria dos gerentes faria), a probabilidade é de que Art fique na defensiva e reaja com: "Sim, mas...". Como em: "Sim, mas não há tempo suficiente", ou "Sim, mas ninguém está me dando nenhum suporte". Continue pressionando e ele reagirá ainda mais na defensiva ou irá atacar com raiva ou até desistirá.

Não é disso que você precisa. E não é o que Art precisa. Então, em vez disso, faça o que Art menos espera: demonstre empatia com os pensamentos negativos dele.

Diga, por exemplo: "Aposto que você sente que ninguém sabe como é estar com medo de não conseguir realizar esse projeto. E também que está chateado porque pensa que todos nós estamos decepcionados com você. Além do mais, aposto que sente que ninguém pode entender como é difícil lidar com tudo o que está acontecendo na sua vida".

Agora, observe a mágica. Como mostrou empatia pelas emoções de Art, você eliminou o déficit de receptores dos neurônios-espelho dele e o fez se sentir compreendido e conectado a você. Temos então o primeiro paradoxo: dizendo explicitamente que sabe que ele sente que ninguém o compreende, você o faz perceber que *você* o compreende.

Eis o segundo paradoxo: ao especificar todas as razões da negatividade de Art, você o faz mudar para uma atitude mais positiva. Inicialmente, é provável que isso aumente a ambivalência dele, aquele estado intermediário em que diz: "Sim, estou péssimo agora. Mas sei que você precisa que eu faça isso, e vou ver se consigo. Só não espere milagres". Nesse ponto, você terá o impulso suficiente para incentivá-lo a dar o salto completo para a aceitação. "Sei que fiz besteira. Mas eu posso realizar o trabalho. Posso, sim. Se puder me dar alguns dias, eu compensarei o tempo perdido".

A cascata do "sim"

Como funciona o Paradoxo Mágico? Ao colocar em movimento uma cascata de "sins" vinda da outra pessoa ("Sim, você está certo, minha vida está uma bagunça insuportável"), você modifica a atitude dela de desacordo para acordo. Uma vez que estabeleça essa aproximação, o indivíduo fica emocionalmente preparado para cooperar em vez de reagir. Lembre-se da história do suicida do Capítulo 1 e vai reconhecer que essa é a mesma abordagem usada pelo detetive Kramer para neutralizar uma situação potencialmente mortal.

Assim como Kramer, usei o Paradoxo Mágico para criar mudanças de atitudes instantâneas em casos de vida ou morte. Em determinado momento em minha carreira, por exemplo, tratei de uma paciente profundamente deprimida que havia tentado o suicídio duas vezes depois de ter sido vítima de um estupro. Ela se sentou na minha frente por seis meses, falando muito pouco e nunca fazendo contato visual. Então, certo dia, enquanto ela falava sobre muitas coisas terríveis que havia sofrido em sua vida, experimentei uma mudança emocional em mim mesmo e de repente senti todo o peso da vida de desespero dela descendo sobre mim. A esmagadora tristeza que senti sugou as cores da sala, e eu mal podia respirar.

Sem pensar, eu soltei: "Eu nunca imaginei que tivesse sido tão ruim. E não posso ajudá-la a se matar, mas, se você o fizer, ainda pensarei o melhor a seu respeito. Irei sentir sua falta, e talvez eu entenda por que precisou fazer isso". Fiquei horrorizado assim que disse essas palavras – na verdade, dei à minha paciente permissão para se matar! Mas enquanto minhas palavras pairavam no ar entre nós, a mulher se voltou para mim e, pela primeira vez em nosso relacionamento, fez contato visual comigo. E então, ela sorriu e simplesmente disse: "Se você pode realmente entender por que eu preciso me matar, talvez eu não precise fazer isso". E não o fez. De fato, ela se casou, teve filhos e tornou-se psicóloga. E me levou a descobrir o poder do Paradoxo Mágico.

Da mesma forma, você pode utilizar essa técnica no trabalho ou em casa em situações muito tensas, quando precisa evitar que outra pessoa cometa um erro grave. Veja um exemplo envolvendo Rose e sua filha adolescente Lizzie, que estava saindo com um rapaz que a mãe sabia que era uma má influência.

Lizzie (em voz alta e zangada): Já chega! Estou de saco cheio de você e todas as suas regras! Estou indo morar com Ryan. Tenho 18 anos agora, então você não pode mais me impedir.

Rose (respirando fundo e resistindo ao desejo de responder aos berros): Vamos conversar só por um minuto. Sabe, aposto que você acha que ninguém sabe como é se sentir sufocada pelas regras que eu determino para você.

Lizzie: É isso! Eu me sinto sufocada!

Rose: E aposto que está zangada porque pensa que não podemos entender como é duro para você agora ser quase uma adulta e ainda ter que viver com seus pais.

Lizzie (começando a se acalmar): Sim.

Rose: Além do mais, aposto que sente que nós não fazemos ideia do tipo de pressão que você está vivendo, ou das decisões realmente difíceis que está tentando tomar em sua vida.

Lizzie (expirando): São muito difíceis. E não podemos conversar a respeito delas porque você e papai têm seus próprios problemas, especialmente agora que ele foi demitido.

Rose: Está difícil agora, mas seus problemas são tão importantes quanto os nossos. Na verdade, se nos sentarmos e conversarmos a respeito de tudo o que está acontecendo, você vai se sentir melhor e eu também. Você tem alguns minutos para tomar uma xícara de chá com sua mãe?

Lizzie: Sim, claro.

No início dessa conversa, Lizzie vê Rose como uma inimiga. Mas, ao usar o Paradoxo Mágico, a mãe cria uma cascata de "sins" que baixa o nível emocional da filha até um grau no qual ela está disposta a declarar uma trégua. Em suma, Lizzie passou de resistir para ouvir e então considerar, tudo com apenas algumas frases – e, como resultado, a mãe tem uma chance muito maior de convencê-la a não cometer um grande erro em sua vida.

O movimento para ganhar confiança

O Paradoxo Mágico não é apenas uma ferramenta para ajudar alguém a respirar ou ser convencido a fazer o movimento certo em vez do errado. É um ótimo recurso se você precisa ganhar a confiança de uma pessoa cujo estado de espírito não é de confiar, além de ser um movimento poderoso se está trabalhando em um ambiente tóxico e quer que outra pessoa saiba que você não faz parte do problema.

Jack era o novo sócio administrador de uma empresa de advocacia em Los Angeles. A companhia desejava formar sua equipe com associadas do sexo feminino, mas tinha a reputação de fazê-las trabalhar excessivamente e criar um enorme estresse – especialmente naquelas que tinham filhos pequenos. Elas sempre se sentiam culpadas por contratarem alguém para cuidar de suas crianças e por passarem pouco tempo com elas.

Um dia, Shannon, associada há três anos, estava em meio a uma crise pessoal porque seu filho de três anos lhe dissera pela enésima vez: "Eu odeio quando você vai para o trabalho, e não gosto mais de você". O incidente a levou ao limite, e ela estava sentada, com a cabeça apoiada na mesa, chorando, quando Jack passou e a viu através da abertura da porta.

O sócio administrador anterior apenas ignorava cenas como essa, mas Jack via de forma diferente, pois também amava seus filhos e se sentia grato por sua esposa poder ficar em casa com eles. Ele estava tomando medidas para tornar a empresa mais favorável para as famílias, mas isso levaria tempo e ele sabia o quanto as mães mais jovens estavam frustradas.

Jack bateu na porta e disse, educadamente: "Ei, Shannon, se importa se eu entrar?".

Ela levantou a cabeça e disse: "Não, tudo bem".

Ele sabia que Shannon se recomporia, mas estava incomodado com o fato de a empresa se alegar ser "amiga" das mulheres e não estar cumprindo sua promessa. Ele entrou no escritório dela e fechou a porta.

Olhou para ela e disse: "Shannon, aposto que você sente que está sempre decepcionando alguém. Se não é seu filho, é a empresa; se não é a empresa, é seu filho. Não é verdade?".

Shannon olhou para ele, fez uma pausa, depois caiu em prantos, falando: "Eu detesto desapontar meu filho e não ser capaz de fazer o que os sócios desejam de mim, e odeio ter voltado a fumar e ter engordado 9 quilos".

Ela parou, um pouco alarmada por ter expressado esses pensamentos íntimos a um colega. Então, Jack acrescentou: "E aposto que você sente que está piorando em vez de melhorar, não é?".

Shannon começou a chorar ainda mais. Jack não tentou detê-la, pois sabia que ela precisava extravasar sua frustração e raiva. A única coisa que ele disse foi: "É realmente difícil trabalhar tanto e ser mãe ao mesmo tempo".

Shannon só murmurou: "Ã-hã", mas em poucos minutos seu choro começou a diminuir. Quando sua tempestade de lágrimas passou, o mesmo aconteceu com seus piores sentimentos de fracasso e desamparo. Depois de um tempo, ela se levantou da mesa, aproximou-se de Jack, deu-lhe um abraço e disse: "Obrigada, você é um bom chefe e uma boa pessoa". Ele sorriu embaraçado e respondeu: "Você é uma boa advogada e uma boa mãe!".

Até então, Shannon via Jack apenas como parte de seu problema na empresa – só mais um cara que esperava o impossível e não se importava sobre os danos que isso poderia causar. Quando ele saiu de sua sala, ela o viu sob um prisma completamente diferente: como um colega solidário que a respeitava e merecia em troca seu respeito e melhores esforços.

Jack realizou essa transformação – que alterou completamente seu relacionamento com a colega de trabalho nos anos seguintes – em menos tempo do que alguns gerentes levam para pedir seu almoço. Como ele fez isso? Compreendendo o segredo do Paradoxo Mágico. Se quer que as pessoas façam o inesperado, dê o primeiro passo.

INFORMAÇÃO ÚTIL

Quando você inicia uma conversa dizendo "Não" para outra pessoa, isso abre as portas para que ela diga "Sim".

ETAPA DE AÇÃO

Selecione alguém no trabalho que seja resistente a cooperar com você e que se justifique por não fazer algo ou responda com "Sim, mas...". (Certifique-se de que ele seja realmente capaz de realizar o trabalho e tenha tempo e recursos suficientes para isso.)

1. Diga a ele: "Aposto que você sente que não há como ser capaz de fazer o que eu estou lhe pedindo, não é verdade?". Se você estiver no caminho certo, ele irá assentir e ficará confuso e um pouco desarmado com sua compreensão.
2. Prossiga dizendo: "E aposto que você está hesitando em me dizer diretamente que não é possível fazê-lo, *isso* também é verdade?". A pessoa provavelmente concordará ou até mesmo responderá "Sim".
3. Finalmente, diga: "Na verdade, você pode estar pensando que a única forma de conseguir fazer isso seria _____." (Deixe que ela complete o espaço em branco.)
4. Então, trabalhe com ela para fazer com que essa solução se torne realidade.

14. O CHOQUE DE EMPATIA

Benefício*: mover um indivíduo de resistir para "querer fazer" em um único passo, mudando a dinâmica do relacionamento.*

A raiva intensa pode ser mais destrutiva do que a espada.
— Provérbio indiano

No início de minha carreira, cansei de atender colegas de trabalho, casais e familiares que se recusavam a ouvir um ao outro. Eu detestava as guerras "ele disse/ela disse". E os jogos sem vencedores. Nesses debates infantis, o melhor que eu conseguia realizar eram tréguas temporárias. Com muita frequência, eu sentia que estava colocando um curativo temporário em uma hemorragia.

Eu costumava chamar os culpados nessas situações de "acusadores ignorantes". Pessoas que tratavam a comunicação como um esporte sangrento, reclamando sem parar a respeito das falhas de outras pessoas, sem levar em conta como a parte que atacavam se sentia. ("E Bob sempre entrega seus projetos depois do prazo. E ele nunca ouve minhas sugestões porque pensa que sabe tudo. Age como se fosse o todo-poderoso. E ninguém gosta dele porque ele não faz parte da equipe. E outra coisa...")

Acima de tudo, os acusadores ignorantes eram presunçosos: a intenção deles era relatar para mim e também para a outra pessoa o que estava se passando. Não estavam nem um pouco interessados no que seus parceiros, colegas de trabalho ou filhos pensavam. Na mente dos acusadores ignorantes, o objetivo não era compartilhar informações, mas expor todos os erros do outro, depois encostar-se confortavelmente e perguntar: "Então, o que você vai fazer a respeito disso?".

Tentar acalmar essas pessoas ou fazê-las ouvir a outra parte dificilmente funcionava. Então, um dia, uma intervenção mudou tudo de forma inesperada e espontânea.

Aconteceu quando a família de Franklin veio me ver porque Harry, seu filho de 15 anos, se recusava a fazer sua lição de casa, ajudar nos afazeres domésticos ou cooperar de algum modo. Coisas como castigos, tirar sua internet ou mandá-lo para o quarto, faziam pouco ou nenhum efeito e apenas o deixavam ainda mais mal-humorado. A mãe, Joan, parecia estar muito mais aborrecida com a situação do que seu pai, Robert.

Assim que os três se sentaram em meu consultório, perguntei-lhes por que estavam ali. Joan disparou com uma lista de reclamações sobre Harry. Robert permaneceu em silêncio, de uma maneira que deixava claro que ele concordava com as queixas da esposa, mas que também entendia como o filho podia estar tão irritado pela forma como ela continuava falando a respeito deles. Enquanto isso, o rapaz estava sentado de braços cruzados, com seu boné puxado sobre o rosto, sinalizando que aquela sala era o último lugar em que queria estar naquele momento.

Tive que encontrar uma maneira de envolver Harry e Robert sem afastar Joan. Então, experimentei algo novo.

"Joan", falei com firmeza e assertividade, sem qualquer hostilidade ou frustração em minha voz, "se eu perguntasse a Harry por que ele pensa que essa consulta será só uma perda de tempo e dinheiro, o que ele diria?". "O quê?", surpreendeu-se ela, que ainda não havia terminado de expor sua longa lista de reclamações contra Harry.

Repeti a pergunta, acrescentando: "Joan, por favor, coloque-se no lugar de Harry e me diga por que ele pensa que essa conversa é uma perda de tempo e não vai chegar a lugar nenhum".

Naquele ponto, muitas coisas interessantes aconteceram. Ela parou por um momento, Robert me lançou um olhar perplexo, mas curioso, e o garoto com o boné afrouxou os braços cruzados e levantou ligeiramente o queixo do peito, indicando que eu tinha despertado seu interesse.

Joan pensou por um momento e respondeu: "Ele provavelmente diria que isso será uma perda de tempo porque tudo o que vai acontecer é que mamãe vai me dar um sermão e papai vai apenas concordar e, com certeza, não dirá nada. E é exatamente isso que acontece em casa".

"Sério?", perguntei, para enfatizar a importância da mudança da mãe de atacar para compreender. Então, acrescentei: "E se eu perguntasse a Harry o quanto isso o faz se sentir frustrado, o que ele diria?".

Ela respondeu: "Ele diria que não aguenta mais".

"E seu eu o questionasse sobre o que faz ou quer fazer para resolver isso, o que ele responderia?", prossegui.

"Ele diria que quer ignorar isso tudo e tentar ir para longe o mais rápido possível", respondeu ela.

A essa altura, Harry e Robert estavam fascinados com esse diálogo entre Joan e eu.

Voltei-me para o pai e falei: "Robert, se eu perguntasse o que mais frustra Joan a respeito de como você lida com a situação de seu filho, o que ela diria?".

Nesse momento, a esposa e o filho ficaram interessados no que o pai diria.

Ele fez uma pausa e então respondeu: "Joan provavelmente diria que eu a saboto, concordando de forma superficial com ela, mas dando a entender a Harry que concordo com ele sobre o quanto ela pode passar dos limites".

"E se eu perguntasse a ela como isso a faz se sentir, o que ela diria?", perguntei.

Robert respondeu: "Completamente sozinha, com todos lutando contra ela e ninguém ajudando".

Nesse ponto, a esposa começou a chorar e disse: "Detesto ser essa chata, mas a vida é cheia de detalhes e, se todos os ignoram, Harry vai acabar sendo negligenciado".

Depois disso, finalmente pude avistar os olhos do garoto embaixo do boné, e ele descruzou os braços. Perguntei-lhe: "Harry, se eu perguntasse a seus pais se eles estão mais decepcionados e frustrados ou preocupados com você, o que eles diriam?".

O garoto hesitou e em seguida respondeu como se estivesse fazendo uma revelação: "Acho que os dois diriam que estão preocupados comigo".

"E com o que eles diriam que estão preocupados?", perguntei.

"De que eu me torne um fracassado e tenha uma vida de merda... Mas eles são tão controladores que eu não posso nem respirar", respondeu ele.

"Eu sei que o estilo deles é péssimo, mas pense na primeira coisa que você disse. Por que eles se importariam se você se tornasse um fracassado e tivesse uma vida de merda?", perguntei.

"Porque... eles me amam", respondeu Harry, como se estivesse percebendo isso pela primeira vez em muito tempo.

E isso foi o necessário. O resto da sessão continuou de maneira cooperativa e colaborativa, livre de ataques cruéis, comentários desleais e raiva incontida. Na verdade, os Franklins conversaram como pessoas que se preocupavam umas com as outras, em vez de se agredirem como cães raivosos.

Depois desse avanço, comecei a usar essa técnica para preencher lacunas de comunicação e reparar brechas entre sócios jurídicos, administradores, gerentes e subordinados. (Você pode ver um bom exemplo no início do Capítulo 8, em que a utilizei com dois advogados em guerra.) Costumo chamar essa abordagem de "comunicação empatogênica", pois ela promove instantaneamente a empatia entre pessoas que antes só conheciam antipatia ou mesmo ódio absoluto. Pense nela como o Choque de Empatia.

Como funciona

A empatia é uma experiência sensorial; ou seja, ela ativa a parte sensorial do sistema nervoso, inclusive os neurônios-espelho dos quais falamos anteriormente. A raiva, por outro lado, é uma ação motora – geralmente uma reação a algum dano causado por outra pessoa. Por isso, ao movimentar alguém do estado de raiva para um comportamento empático, o Choque de Empatia o move do cérebro motor para o cérebro sensorial.

Colocando de outra maneira, raiva e empatia – assim como matéria e antimatéria – não podem existir no mesmo lugar ao mesmo tempo.

Deixe que uma delas entre e a outra terá que sair. Então, ao despertar a empatia em um acusador, você interrompe o discurso furioso dele.

E o indivíduo que está na defensiva? Inicialmente, esse saco de pancadas humano está frustrado porque, não importa o que ele esteja tentando espelhar para o exterior – *Sinto muito; Estou confuso; Estou assustado; Tive um bom motivo para fazer o que fiz* – o acusador ignorante não é capaz de enxergar. O resultado disso é que a pessoa que está sendo atacada, em geral, fica em um estado de raiva silenciosa, prestes a explodir.

Entretanto, de forma repentina e inesperada, o acusador toma consciência do quanto o outro se sente triste, zangado, assustado ou sozinho e, espontaneamente, se transforma em um aliado. Quando o acusado sente que é compreendido pelo acusador e que ambos estão do mesmo lado, não há mais nada do que se defender. Seu muro, bem como sua raiva e frustração silenciosas, desmoronam. O alívio de não sentir mais "medo ou aversão" pelo acusador desencadeia espontaneamente uma enorme onda de gratidão e – de forma milagrosa – a raiva contida do indivíduo se transforma em perdão e, mais do que isso, em um desejo de buscar soluções.

Quando usar o choque de empatia

O Choque de Empatia é uma intervenção poderosa que pode ser usada quando duas pessoas em sua vida estão se desentendendo brutalmente em vez de se comunicarem – ou quando pelo menos uma pessoa está mais interessada em atacar do que em ouvir. Utilize-o no primeiro sinal de que um conflito está ficando fora de controle.

Veja aqui um exemplo:

Gerente de uma equipe de projetistas de software: Nossa meta é realizar esse lançamento na próxima semana, mas soube que há um problema.

Simon: Sim, há um problema. A Kim não me deu tempo suficiente para trabalhar nele. As metas dela não são viáveis. Ninguém conseguiria fazer isso a tempo.

Kim (furiosa): O Simon poderia se fizesse o que eu peço a ele. Estamos atrasados porque ele gastou três dias a mais adicionando vários recursos gráficos supérfluos com os quais ninguém se importa. Precisamos vender esse produto, mas temos um monte de recursos inúteis e nenhum produto para ser vendido. Não me culpe por essa situação.
Gerente: Certo. Antes de falarmos a respeito do que está acontecendo com o lançamento, eu gostaria de fazer algo. Sei que vocês dois são extraordinariamente bons no que fazem. Na verdade, são dois dos mais fortes artistas gráficos com os quais já trabalhei. E também sei que é bastante difícil para vocês trabalharem juntos. Por isso, eu gostaria de fazer uma pergunta a cada um, com o objetivo de verificar se podemos fazer com que essa situação funcione melhor para ambos.
Kim e Simon (ambos na defensiva): Certo.
Gerente: Vamos começar com você, Kim. Se eu perguntasse a Simon o que mais o frustra ao trabalhar com você, o que ele diria?
Kim (surpresa com a pergunta): Hum. Bem. Ah... Acho que ele diria que eu não respeito o talento dele. Ou que estou mais interessada em estabelecer prazos do que em tornar o produto o melhor possível.
Gerente: Então, com isso, o que ele faz?
Kim: Fica zangado. Porque... olha, eu sei que ele realmente quer tornar este produto o melhor do mercado e não pode. E eu compreendo isso, compreendo mesmo, mas a empresa não funciona dessa maneira.
Gerente: Obrigado. Fico grato por isso. E agora eu gostaria de fazer a mesma pergunta a Simon. Simon, se eu perguntasse a Kim o que mais a frustra ao trabalhar com você, o que ela diria?
Simon (desarmado pela compreensão de Kim): Bem... Hum... certo, acho que diria que a alta gerência espera que ela cumpra os prazos e que será responsabilizada se eu me atrasar por desperdiçar tempo adicionando coisas que não foram solicitadas pela administração. E eu realmente entendo isso. Quero dizer, para mim não é correto lançar um produto que não esteja tão bom quanto poderia ser, mas posso ver como isso é um problema para Kim.
Gerente: E como isso a faz se sentir?

Simon: Provavelmente com medo de ser demitida ou zangada por eu complicar as coisas para ela.

Gerente: Obrigado por responder tão honestamente. Agora, sei que no momento queremos nos concentrar em realizar esse lançamento o mais rápido possível. Então, vamos elaborar um cronograma e verificar se ainda conseguimos atingir a data prevista. Mas vocês estariam dispostos a se reunir comigo mais tarde para encontrarmos uma maneira de que o objetivo de Simon, de fazer o melhor produto possível, possa se encaixar com a necessidade de Kim, de cumprir nossas metas? Porque estou certo de que vocês podem encontrar ótimas soluções juntos.

Ao usar o Choque de Empatia, evite o erro de dar sua própria opinião durante o processo – mesmo que ela seja positiva ("Eu concordo a respeito do que você disse sobre o talento de Simon"). Seu objetivo é fazer com que duas pessoas espelhem uma à outra, e elas não poderão fazer isso se você estiver entre elas. Portanto, facilite o processo, mas não se intrometa.

Além disso, compreenda que você não está tentando resolver o problema que está em jogo agora (uma criança que não quer aceitar o horário de ir para a cama, um colega de trabalho que está perdendo os prazos etc.). Em vez disso, você está movendo as pessoas para um lugar em que *elas* possam resolver o problema – e o próximo que surgir, e os que vierem depois dele.

Faça isso da forma certa e terá menos problemas para resolver, pois as pessoas que experimentam o Choque de Empatia terão menos desejo de destruírem umas às outras e mais vontade de fazer as coisas entre elas darem certo no futuro. Na verdade, isso acontece por elas terem experimentado "ser o outro" por pelo menos um instante, e agora sabem como é.

O poder da analogia

Muitas vezes, é possível usar o Choque de Empatia para fazer com que a outra pessoa compreenda o que você sente. Diga, por exemplo, a um colega de trabalho que frequentemente o abandona no meio dos projetos: "Não é decepcionante quando um cliente promete enviar um cheque no prazo e não o faz, e nós precisamos nos preocupar se ele vai nos 'passar a perna' – e ainda temos que ser educados, porque não podemos correr o risco de ofendê-lo?" Quando o colega responder algo como "Muito", prossiga: "E isso não o faz ficar com raiva ou mesmo ter medo de fazer negócios com essa pessoa?".

Depois que ele responder "Sim", fale gentilmente: "Sabendo como é ser desconsiderado dessa maneira, você iria querer fazer isso com alguém?".

Provavelmente, a resposta será um "Não, claro que não", que é quando você poderá dizer: "Sabe, é assim que eu me sinto quando preciso contar com você para terminar um projeto e não estou certo de que irá corresponder. Não quero ferir seus sentimentos porque eu o respeito e estimo, mas me sinto frustrado e assustado quando não tenho certeza de que posso contar com você".

É possível que essa pessoa leve essa lição a sério – e seu breve Choque de Empatia resultará em muito mais cooperação no futuro.

USANDO O CHOQUE DE EMPATIA EM SI MESMO

Você é um acusador ignorante? A verdade é que todos nós somos, em um momento ou outro de nossa vida. Se você se depara frequentemente em discussões cruéis, empunhando sua raiva e queixas como armas, tome uma atitude: desperte sua própria empatia.

Veja o que fazer:

1. Pense em alguém que constantemente o frustra, irrita, magoa ou desponta. Pode ser alguém da sua família, do trabalho ou um amigo.
2. Imagine essa pessoa fazendo uma das coisas que frustram você. Selecione um comportamento que, em uma escala de irritação de 1 a 10, seja pelo menos um 8. Projete essa imagem completa em sua mente e tome consciência de como se sente quando pensa nela.
3. Agora, coloque-se no lugar da outra pessoa. Imagine o que ela diria se eu perguntasse o que mais a irrita, magoa ou frustra

sobre você. Imagine que você seja essa pessoa e diga o que ela provavelmente responderia, coisas como: você critica demais, julga demais, sempre se coloca como vítima ou é controlador. Seja honesto a respeito das coisas negativas que você faz nesse relacionamento.

4. Em seguida, imagine que eu pergunte a essa pessoa o quanto ela fica incomodada por ficar tão frustrada e chateada com você. Mais uma vez, coloque-se no lugar dela e responda: "Muito".
5. Agora, imagine que eu esteja perguntando à outra pessoa: "Você pode descrever algo doloroso que essa pessoa (você) tenha feito?" Pense em quaisquer atitudes dolorosas que tenha cometido nesse relacionamento, como elas fizeram a outra pessoa se sentir, e responda como se você fosse ela.
6. Finalmente, usando a mesma escala de 1 a 10, avalie agora o seu nível de irritação com essa pessoa.

O que aconteceu? Muito provavelmente, você se sentiu zangado no início desse exercício, mas a intensidade de sua raiva caiu ao se colocar no lugar da outra pessoa. Em geral, quando realizo esse exercício com o público, eles começam com 8 ou 9 e terminam com 3 ou 4. Isso porque não é possível experimentar o que o outro está sentindo *e* sentir raiva dele ao mesmo tempo.

Por isso, na próxima vez que sentir vontade de avançar em alguém que o está deixando com raiva, respire fundo, encontre um local tranquilo e faça esse exercício primeiro. Você provavelmente vai evitar muita dor para si mesmo e para o outro.

INFORMAÇÃO ÚTIL
Você não pode estar interessado e no ataque ao mesmo tempo.

ETAPA DE AÇÃO
Para fazer com que a empatia seja despertada com mais naturalidade em você, dê a si mesmo um Choque de Empatia todos os dias ou com frequência. Por exemplo, quando um colega de trabalho, de quem você não gosta muito, está ao telefone com um cliente difícil, observe a situação e pergunte a si mesmo: "Como eu me sentiria se fosse ele agora? Essa conversa me deixaria zangado, frustrado ou infeliz?". Ou se, um dia, seu chefe estiver mais rude do que o normal, pergunte a si mesmo: "Como eu me sentiria se tivesse todas as responsabilidades e preocupações que ele tem hoje?". Quanto mais fizer isso, menos estresse e frustração vai sentir em relação às pessoas ao seu redor – e mais fácil será se fazer compreender por elas.

15. O JOGO REVERSO (CHOQUE DE EMPATIA II)

Benefício: *mover um indivíduo resistente, cujo desempenho está sempre abaixo do esperado até o estágio de "querer fazer", criando empatia.*

> "A humildade é o sinal mais seguro da força."
> – Thomas Merton, autor e monge trapista

Vince é um preguiçoso. Ele tem inteligência mais do que suficiente para realizar seu trabalho de assistente jurídico, mas economiza esforços. Muitas vezes, seus trabalhos são mal feitos ou empurrados para outras pessoas. Enquanto seus colegas ficam até mais tarde para cumprir os prazos, ele sai mais cedo.

A empresa que contratou Vince pensava ter encontrado alguém realmente valioso, mas em vez disso ele estava se tornando um problema. E a administração está decepcionada.

Um dia, o chefe chama Vince a sua sala. O funcionário se preocupa: será que os superiores finalmente perceberam que ele estava fazendo corpo mole? Ele está sentindo uma mistura de atitude defensiva, medo e raiva.

Tyrell, o chefe, o encontra na porta do escritório, diz a ele para se sentar e lhe oferece uma xícara de café. E depois disso ele o surpreende muito.

Tyrell diz a ele exatamente o que eu instruí: "Eu sinto muito. Acho que há coisas que faço que devem frustrá-lo bastante e gostaria de me desculpar por elas. Eis o que acho que são essas coisas..."

Meia hora mais tarde, Vince está de volta a sua mesa. E está trabalhando mais do que já fez desde o dia em que foi contratado. E está feliz com isso.

O que Tyrell fez para transformar Vince de um problema em um poço de energia em 30 minutos? Ele usou uma abordagem que pega todos de surpresa. Eu a chamo de Jogo Reverso (porque é exatamente o contrário do que as pessoas esperam), e é uma versão direta do Choque de Empatia descrito no Capítulo 14.

Eu a recomendo com veemência se você está lidando com alguém que possui capacidade e habilidade para realizar um trabalho, mas não está dando 100% de si. Veja aqui como fazê-lo:

1. Primeiro, diga à pessoa que gostaria de se reunir com ela por 10 minutos. Defina um horário em que possa ter a sua atenção total; se ela quiser se encontrar com você de imediato, diga respeitosamente: "Não, você está no meio de um trabalho e não é assunto de vida ou morte. Posso esperar até que você não esteja ocupada com mais nada".

2. Prepare-se para a reunião pensando em três formas verdadeiras e específicas pelas quais ela possa estar desapontada ou frustrada com você. Por exemplo: *Tina pensa que eu sempre dou a ela os projetos menos interessantes. Provavelmente está frustrada porque não lhe dei um orçamento grande o bastante para que pudesse adquirir o equipamento que ela queria. E deve estar zangada porque assumiu diversos problemas criados pelo último funcionário que ocupou seu cargo, e às vezes eu a culpo por eles.* Não importa o quão frustrado ou desapontado você esteja, deixe todos os seus problemas de lado e pense como se fosse a outra pessoa.

3. Quando chegar a hora da reunião, o funcionário estará esperando que você o critique ou confronte. Em vez disso, diga: "Você provavelmente está esperando que eu faça uma lista de reclamações como sempre faço, mas estive pensando a respeito dos motivos pelos quais você pode estar decepcionado comigo. Provavelmente tem receio de me falar sobre essas coisas, pois acha que vou ficar na defensiva. Acho que elas são...". E então, explique as três coisas que você suspeita que mais o decepcionam a seu respeito.

4. E termine com: "Isso é verdade? Se não é, quais *são* as coisas que mais frustram você em relação a mim?" Escute o que ele disser, faça uma pausa e diga a seguir: "E quanto essas coisas o incomodam?"

5. Depois que ele responder (provavelmente bastante acanhado), retorne sinceramente com: "Realmente... Eu não sabia e acho que não queria saber. Sinto muito e tentarei ser melhor no futuro".
6. E então, pare. Se ele perguntar: "Algo mais?", responda com sinceridade: "Não, isso é tudo que eu queria dizer – realmente aprecio o que você me disse". Se ele insistir e perguntar por que você iniciou essa conversa, responda apenas algo como: "Sei que cometo erros e sei que as pessoas podem hesitar em apontá-los para mim. Também sei que posso fazer um trabalho melhor e, se permanecer atento aos erros que estou cometendo, criar um ambiente de trabalho melhor".

Por que você deveria fazer isso se, de fato, é a última coisa que deseja fazer? Porque isso funciona quando outras abordagens falham. Ignore um preguiçoso e o problema vai continuar e provavelmente piorar. Confronte-o, esperando receber um pedido de desculpas e uma promessa de mudança e provavelmente vai criar um inimigo que procurará todas as oportunidades para trabalhar contra você.

Mas faça o inesperado desculpando-se, e algo bastante diferente ocorre: você muda o indivíduo instantaneamente do modo defensivo e faz com que ele espelhe sua humildade e preocupação. Assumir a responsabilidade por suas ações e se comprometer a corrigir suas faltas no futuro também demonstra enorme bondade, generosidade e equilíbrio, assim como torna você uma pessoa digna de respeito.

Como resultado, essa mesma pessoa que sempre o evita, ignora ou critica irá mudar drasticamente seu curso. Você faz com que ela o respeite e admire, e o resultado disso é que agora se preocupará em não decepcioná-lo. Muitas vezes, será possível observar nela uma mudança imediata de atitude e desempenho no trabalho.

Você pode usar a mesma técnica em casa com as crianças (com as quais é particularmente eficaz), assim como com amigos e familiares. Por exemplo, veja como Dana a utilizou para salvar uma amizade com alguém que já a decepcionou mais de uma vez:

Sharon (chegando atrasada para um almoço e já na defensiva): Oi, me desculpe, estou atrasada. Mais um item para a lista de coisas que a deixam zangada. Sei que você está chateada porque eu perdi a festa que fez para Joe, e me esqueci de devolver aquele vestido que você queria usar...
Dana: Não, não se preocupe, este não é um encontro para reclamações. Na verdade, eu queria fazer exatamente o oposto. Estive pensando em nossa amizade, percebi que não tenho sido uma amiga tão boa ultimamente.
Sharon: O quê?
Dana: Sim, estou certa de que você está cansada das minhas reclamações constantes sobre coisas mínimas, como o vestido, por exemplo. Cansada também porque não reconheço que é mais espontânea do que eu, por estar sempre querendo planejar a sua vida e por falar demais do Joe sem prestar atenção em você.
Sharon: Calma aí, amiga, está tudo bem! Bem, sim, talvez algumas dessas coisas me incomodem, mas não estou esperando que você seja perfeita. Mas, já que você mencionou, agradeço que entenda como me sinto. E acho que me magoa um pouco você sempre levar o Joe aos nossos encontros, quando, às vezes, o que eu queria era ter uma conversa só de meninas.
Dana: Sinto muito. E você fica zangada com isso?
Sharon (rindo): Sim, mas provavelmente não tanto quanto você por eu cancelar os nossos compromissos o tempo todo. Sinto muito por isso – estou tentando me organizar mais, mas você me conhece e sabe da minha hiperatividade. Estou realmente tentando dar o meu melhor... nossa amizade significa muito para mim e preciso dar mais atenção a ela.

Além de usar o Jogo Reverso para desarmar e motivar um subordinado ou amigo obstinado, ele também pode ser usado para reparar um relacionamento que *você* estragou.

Foi exatamente isso o que fiz com um ex-melhor amigo do meu estágio em Medicina. Jovem e sensível demais, eu me senti magoado com algo irrelevante que ele fez. O resultado foi que eu deixei de manter contato quando, depois do nosso estágio, ele se mudou para um local a 140 quilômetros de distância.

Em suma, ficamos afastados por quase 20 anos. Até que um dia eu percebi que estava errado por manter esse rancor por tanto tempo, e que estava quebrando minha promessa de não ser rancoroso depois de ter visto tantas pessoas impiedosas envelhecendo infelizes e amargas.

Telefonei para meu amigo inesperadamente e disse: "Frank, estou ligando porque acho que tenho guardado um rancor tolo contra você por todos esses anos por alguma coisa da qual sequer me lembro. Não acho que tenha sido algo que você fez, mas minha reação excessivamente sensível nos afastou. Por isso, resolvi ligar e ver como você e sua família estão, porque éramos muito amigos durante nosso estágio".

De fato, Frank era uma das pessoas mais normais, otimistas, apreciadas e respeitadas naquela época (ele recebeu o prêmio de melhor estagiário), e não havia mudado. Então, ele respondeu como se nunca tivéssemos deixado de ser amigos: "Oi, Mark, que bom falar com você. Nunca pensei que houvesse alguma divergência entre nós, apenas achei que nos mudamos para locais afastados e ficamos ocupados com nossas vidas".

Após uma breve conversa, terminamos a chamada alguns minutos depois. Falando sobre sentir-se tolo – eu me senti um psiquiatra incrivelmente neurótico (você deve estar pensando: "Ué, pensei que todos fossem").

Mas esse não foi o fim da história. Minha ligação deve ter impactado Frank, porque dois dias depois ele me telefonou, dizendo: "Oi, Mark, o que vai fazer este fim de semana? Se estiver disponível, gostaria de levar minha família a Los Angeles para nos encontrarmos".

Embora eu tenha usado o Jogo Reverso para solucionar um ressentimento que eu mesmo criei, normalmente ele é utilizado em outra pessoa que está criando um problema. O Jogo Reverso pode movê-la de uma atitude de defesa para cooperação em um piscar de olhos, mas certifique-se de escolher os alvos certos quando empregar essa abordagem. Ela funciona melhor com pessoas "maleáveis" – aquelas que só precisam de um pouco de incentivo para se moldarem. Isso não funciona tão bem (ou de jeito nenhum) com aproveitadores e narcisistas a respeito dos quais falei no Capítulo 11, porque não são indivíduos que gostam de retribuir.

No entanto, se não tem certeza se deve continuar ou abandonar um relacionamento, você pode tentar usar o Jogo Reverso como um exame diagnóstico. Vale a pena manter sua ligação com pessoas que respondem a esse método, melhorando seu desempenho e trabalhando para adquirir seu respeito, mas com aquelas que continuam a desapontá-lo em vez de retribuir sua humildade, evite enlouquecer e revidar, como ficará tentado a fazer. Em vez disso, apenas diga "Adeus".

INFORMAÇÃO ÚTIL
Um grama de pedido de desculpas equivale a menos um quilo de ressentimento e uma tonelada de "desempenho abaixo do esperado".

ETAPA DE AÇÃO
Pense em alguém que sempre o decepciona e convide-o para um almoço ou jantar. Antes de ir, avalie seu nível de decepção com a pessoa em uma escala de 1 a 5 (em que 5 é "extremamente decepcionado"). Durante o encontro, use o Jogo Reverso para se desculpar sobre qualquer coisa que você tenha feito que possa ter aborrecido ou ofendido a outra pessoa.

Um mês depois do almoço, pense no comportamento dela desde que se encontraram e avalie seu nível de decepção com ela. Está significativamente menor? Então sua abordagem funcionou. Está igual ou maior? Nesse caso, considere tirar essa pessoa de sua vida – porque você provavelmente está lidando com um narcisista que só vai lhe causar problemas.

16. "VOCÊ REALMENTE ACREDITA NISSO?"

Benefício*: mover um indivíduo que está "fora de controle" de resistir para ouvir, diminuindo o seu sentimento de raiva ou medo.*

> "O exagero é a verdade que perdeu a calma."
> — Khalil Gibran, poeta e filósofo

Há um truque divertido que devo a meu amigo Scott Regberg, cuja empresa em Los Angeles, a Regberg & Associados, produz eventos de alto nível, desde debates presidenciais na TV a grandes conferências nacionais. Se você já participou do planejamento desse tipo de trabalho, sabe que é preciso ter nervos de aço e a habilidade de organização de um general de guerra.

Mas, acima de tudo, de acordo com Scott, para realizar grandes eventos sem problemas (e fazer com que pareçam ter sido feitos sem muito esforço) é preciso ter a capacidade de se comunicar de maneira eficaz e de manter as pessoas calmas quando os prazos estiverem se esgotando. Isso inclui clientes, organizadores, designers, artistas gráficos e centenas de outras pessoas envolvidas.

Scott é particularmente bom quando se trata de manter todos nos trilhos e de tranquilizar pessoas, principalmente aquelas que têm um "chilique" diante de problemas pequenos e fáceis de solucionar. (Se você já planejou uma recepção de casamento ou um *bar mitzvá*, sabe de que tipo de pessoa estou falando.) Quando ela começa um discurso descontrolado sobre o quão terrível é o problema e como aquilo é o fim do mundo, Scott calmamente pergunta: "Você *realmente* acredita nisso?"

Essa é uma pergunta altamente eficaz quando feita de forma calma. Ela faz com que a maioria das pessoas que usam hipérboles ou exageros voltem atrás e mudem sua postura. Normalmente, elas recuam, dizendo algo como: "Bem, não realmente, mas *estou* muito desapontada com as coisas". Então, você pode responder: "Entendo, mas preciso saber quais são os fatos reais, pois se o que você diz é totalmente verdadeiro, temos um problema sério e precisamos resolvê-lo". A essa altura, elas já estão recuando e o poder passou para as suas mãos.

O truque para essa abordagem é fazer a pergunta – "Você realmente acredita nisso?" – não de uma forma hostil ou humilhante, mas com calma e de maneira direta. A intenção não é confrontar o outro, mas fazê-lo parar e perceber: "Estou realmente fazendo uma tempestade em um copo d'água. Devo estar parecendo um idiota".

Muitas vezes, tudo o que você precisa é desta pergunta – "Você *realmente* acredita nisso?" – acompanhada de mais uma ou duas outras. Por exemplo:

> **Seu parceiro:** Nossa, não posso acreditar que estamos discutindo sobre dinheiro novamente. Que se dane. Não há como vencer essa questão, pois toda vez que digo que estou preocupado com dinheiro, você sai e compra algo e me diz que só estou sendo pão-duro. Você não vai ficar feliz enquanto não estivermos falidos!
> **Você:** Você realmente acredita nisso? Que *toda* vez que você me diz que está preocupado com dinheiro eu saio e compro algo e digo que você é pão-duro e que eu não vou ficar feliz até que estejamos falidos?
> **Seu parceiro:** Sim. Porque é assim que você age. Bom, tudo bem, você não age exatamente assim. Mas é isso que parece.
> **Você:** Entendo o que você está dizendo, mas realmente preciso saber se você pensa que eu não me importo com a sua situação financeira e quero nos levar à falência. Porque, se esse for o caso, acho que temos alguns mal-entendidos sérios para esclarecer.
> **Seu parceiro (agora menos hostil):** Caramba, não foi isso o que eu quis dizer. Ok, eu estava exagerando. É só que eu me sinto muito frustrado com você sempre que tento ter uma conversa sobre uma de minhas preocupações e sou ignorado.
> **Você:** Sempre?
> **Seu parceiro (sorrindo, pego em um exagero outra vez):** Ok, não sempre, apenas muitas vezes. E isso me frustra.

Nesse ponto, o argumento "olho por olho", quando você está falando *do* ou *sobre* o outro, modifica-se rapidamente para uma conversa de "dar e receber", que é quando começam a falar um *com* o outro.

Se a pessoa com quem está lidando é um chorão crônico e você está em uma posição de autoridade em que não precisa se preocupar em arriscar seu trabalho ou um relacionamento, é possível experimentar a versão "bombada" dessa técnica. Veja um exemplo:

Bill, um importante vendedor de carros, invadiu a sala de seu gerente num rompante: O que eu tenho que fazer para conseguir que uma maldita ordem de compra seja aprovada aqui? Ninguém aqui sabe p#%& nenhuma do que está fazendo! São todos imbecis e incompetentes!
Frank (seu gerente de vendas): Você *realmente* acredita nisso?
Bill (pego de surpresa e nem mesmo se lembrando do que disse no calor da raiva): Acredito em quê?
Frank (com uma voz comedida, firme e calma): Você realmente acredita que todos que trabalham aqui não sabem o que fazem e que são todos — cada um deles — imbecis e incompetentes? Você está dizendo que não há sequer uma pessoa que trabalhe aqui que saiba o que está fazendo?
Bill (pego exagerando e de calças na mão): Bom, nem todos, mas é realmente difícil conseguir as coisas quando se precisa delas.
Frank (prosseguindo com seu inquérito): Não, eu estou falando sério, Bill. Se cada uma das pessoas que trabalha aqui é incompetente, estamos com sérios problemas, e vou precisar da sua ajuda para vasculhar tudo e resolver isso.
Bill (se acalmando um pouco): Não, ora, você sabe, eu estava apenas muito zangado. Nem todos são incompetentes.
Frank: Entendo que você esteja zangado, mas realmente preciso da sua ajuda para resolver esse problema. Quando acha que podemos fazer isso?
Bill: Não, sério. Estou muito ocupado. Eu estava frustrado e queria desabafar.

Frank: Ah, bem, fico feliz que você esteja se sentindo melhor. Então me diga exatamente o que precisa ser arrumado, pois eu realmente não quero que você fique tão frustrado.
Bill (começando, com mais calma, a requisitar ajuda): Primeiro, eu preciso disso...

Observe a rapidez com que Bill recua. Além do mais, é provável que ele se lembre dessa conversa na próxima vez que pensar em ficar furioso – e essa memória será um forte lembrete para que mantenha seu temperamento sob controle.

É claro que, em algumas raras ocasiões, você pode ter um choque quando alguém responder a sua pergunta: "Você realmente acredita nisso?" com um enérgico "sim". Nesse caso, seja acessível e ouça o que ele tem a dizer. Uma pessoa que é corajosa o bastante para responder "sim" a essa questão e manter sua resposta provavelmente tem alguns problemas legítimos e ficará mais feliz e produtiva se eles forem resolvidos. Por isso, não importa que resposta receber – "sim" ou "não" – você resolverá grandes problemas com essa pergunta simples.

INFORMAÇÃO ÚTIL
Antes de se preocupar em resolver o problema de alguém, observe se realmente *existe* um problema.

ETAPA DE AÇÃO
Pense em alguém que costuma usar hipérboles para fazer algum comentário, o esgota com seus dramas, e faz com que você queira correr na direção contrária sempre que aparece na sua frente.
A próxima vez que essa pessoa começar uma reclamação inflamada, não deixe que isso o perturbe. Faça uma pausa, conte até cinco e diga: "Você realmente acredita nisso?". Observe-a recuar e, em seguida, questione-a, exigindo mais detalhes a respeito do problema (se é que ele realmente existe).

17. O PODER DO "HUMMM..."

Benefício: *acalmar um indivíduo aborrecido ou zangado, movendo-o de resistir para ouvir e então de ouvir para considerar.*

> "Seus clientes mais insatisfeitos são
> sua maior fonte de aprendizado."
> — Bill Gates, fundador da Microsoft

Digamos que você trabalhe com vendas. Sua empresa, preocupada com a queda nos lucros, quer que eu treine você e seus colegas usando minhas técnicas para aumentar as vendas. Você não está feliz com isso – e, nesse exato momento, está muito chateado para querer fazer rodeios sobre o assunto.

Durante o almoço, você me diz: "Não sei por que preciso aprender toda essa porcaria de me fazer compreender pelas pessoas. Por que não posso apenas desempenhar o trabalho para o qual fui treinado? Por que não posso simplesmente perguntar ao cliente o que ele está procurando e quanto quer gastar, e então mostrar-lhe onde fazer o pagamento? Não tenho tempo nem disposição para aprender toda essa coisa de psicologia".

Você espera que eu fique bravo ou na defensiva, pois, afinal, está se referindo à minha "coisa de psicologia".

Mas não tenho essas reações. Em vez disso, digo apenas "Hummm", usando aquele tom de voz que indica *fale-me mais*.

Então, você continua: "Realmente odeio ter que aprender essas coisas para realizar vendas. Isso não tem nada a ver com as minhas competências. Além disso, eu já li alguns livros sobre essas coisas. Elas fazem sentido, e experimentei umas duas dicas e realmente funcionaram. Mas, depois de um tempo, eu me esqueci de usá-las, então não durou nada".

"Certo", respondo. E você fica surpreso porque tem a impressão de que eu ainda quero que fale mais. E você fala.

"Sim", continua. "É frustrante. Quero dizer, talvez essa coisa aconteça naturalmente com você, mas sou vendedor. E com a pressão, carga de trabalho e todas as outras coisas com as quais faço malabarismo, é difícil me lembrar de alguma ideia que li em um livro seis meses atrás".

"Então...", respondo de forma compreensiva e convidativa, mas deixando para você a responsabilidade de conduzir a conversa.

Você prossegue: "Então... bem, certo, sei que estou começando a parecer um reclamão. E sei que essas coisas funcionaram quando as experimentei antes. Talvez tudo se resuma a uma decisão. Acho que se eu experimentar suas ideias e descobrir que elas realmente funcionam, então terei que decidir se essa é a hora em que devo perseverar e continuar a usá-las. E aí terei que continuar aprendendo essas coisas.

Eu respondo: "Você gastou muito tempo tentando usar essas coisas para "acertar ou errar" e os resultados foram "acertos ou erros". Posso entender por que você está frustrado, pois isso pode ser um fardo".

"Sim, é", você responde, "mas veja, sei que fiz isso comigo mesmo. Detesto quando pareço uma vítima. Eu deveria apenas colocar minha atenção nelas, realizá-las e me comprometer a fazer isso todos os dias até me habituar".

"Sabe", proponho, "Eis aqui algo que pode ajudar. Uma dica que dou aos meus clientes é que, se você repete o mesmo comportamento por 21 dias, ele se torna um hábito mais fácil de manter. É como usar fio dental". Você pensa a respeito daquilo por um segundo e acena com a cabeça.

"Então, o que quer fazer?", pergunto. Você faz uma pausa pensando sobre sua situação: vendas em queda, clientes argumentativos, as contas que não poderá pagar se não atingir as metas. Por um minuto você remexe sua salada. E então, conclui: "Não se trata do que eu quero fazer – mas do que eu *preciso* fazer".

Deixo aquilo pairar no ar enquanto tomo minha água. E, em seguida, pergunto: "Como você saberá que finalmente é a hora de fazer?".

Você pensa a respeito, e diz: "Provavelmente é agora ou nunca".

"Ok", respondo. E, antes que o prato principal chegue, somos dois aliados concordando em trabalhar juntos.

O que acabou de acontecer?

Você começou zangado, frustrado e na defensiva e esperava que as coisas piorassem a partir daí. Depois de cada comentário zangado, você parou, esperando instintivamente que eu o repreendesse, confrontasse ou me concentrasse em seu comportamento contraproducente. Se tivesse feito qualquer uma dessas coisas, você provavelmente teria batido o pé e discutido – mesmo se concordasse comigo em segredo.

Então, fiz exatamente o oposto. Em vez de interrompê-lo, eu o encorajei a ir mais fundo dizendo coisas como "Hummm", "Certo" e "Então…". Cada vez que fazia isso, você se acalmava um pouco mais. Como resultado, no final de nossa conversa, você não estava tentando me dizer por que iria falhar. De fato, estava trabalhando duro para me convencer de que seria bem-sucedido.

O "Hummm…" é uma ferramenta para ser usada quando se está enfrentando alguém furioso, na defensiva, e que tem certeza de que você é o vilão. Ela funciona com uma ampla variedade de cenários – tudo, desde uma situação que envolve reféns a um cliente irritado – pois ela transforma rapidamente uma potencial discussão em um diálogo cooperativo.

A maioria das pessoas faz exatamente o contrário do que deveria fazer quando confrontada por alguém zangado ou aborrecido. Dizem frases bem-intencionadas, como "tudo bem, fique calmo" – ou se perdem e também ficam zangadas. ("Ah, é? Bem, você pode pensar que minhas ideias são apenas lixo, mas está errado, e posso provar.") As duas abordagens geralmente têm resultados desastrosos. Deixe a outra pessoa zangada e vai entrar em uma competição de gritos. Peça a ela educadamente para se acalmar e irá transmitir uma mensagem condescendente e irritante: "Eu sou sensato e você é um maluco descompensado". A resposta em ambos os casos será um movimento dramático de resistência por parte do outro.

Em contrapartida, o "Hummm…" é um potente desacelerador. Ao usar essa abordagem, você não está tentando calar alguém; em vez disso, está dizendo a ele: "Você é importante para mim e o seu problema também é". Isso nos leva de volta aos neurônios-espelho.

Quando as pessoas partem para o ataque, geralmente é porque sentem (com ou sem razão) que foram maltratadas. Isso se aplica especialmente se você estiver lidando com clientes irritados e frustrados. Muitas vezes, pessoas assim se sentem magoadas em diversas áreas da vida, mas guardam sua "raiva acumulada" para explosões que não terão consequências como demissão, divórcio ou prisão – como chutar o cachorro ou gritar com você.

Tornar-se defensivo ou contra-atacar reforça a ideia de que você pensa que essas pessoas estão erradas ou são pouco importantes (e estúpidas), o que amplia o déficit de receptores dos neurônios-espelho e alimenta a raiva delas. Ao fazer um movimento contraditório e encorajá-las a falar, você faz o oposto: reflete respeito e interesse, e elas se sentem compelidas a responder com a mesma mensagem.

O "Hummm..." é o que eu chamo de "aprofundador de relacionamentos". Ele comunica às pessoas que o que elas dizem é importante, vale a pena ser ouvido e é digno de algum tipo de ação. Entretanto, você irá notar que *isso não o vincula a nada*. O único objetivo é acalmar o outro até um ponto em que você possa identificar o problema real e encontrar uma solução realista.

Por esses motivos, eu recomendo o "Hummm..." como sua primeira linha de defesa se estiver lidando com um cliente em colapso. Veja um exemplo de como ele funciona:

Cliente (agressivamente): Foi a última vez que a sua empresa me vendeu um monte de sucata! Seus produtos são péssimos, o serviço pior ainda, e vocês são apenas um monte de mentirosos gananciosos.
Você (com uma voz encorajadora, como se quisesse ouvir mais): Hummm...
Cliente (irritado): O que você quer dizer com esse "Hummm!?".
Você (com firmeza e calma): Eu estava apenas pensando na importância de consertar, corrigir, ou fazer algo a respeito disso o mais

rápido possível, ou as coisas vão piorar. E não acredito que "piorar" seja uma boa opção. Você não concorda?
Cliente (começando a recuar e a se acalmar): É, bem, sim. Mas vou ficar surpreso se realmente me ajudar, você não tem ideia de quantos problemas venho tendo.
Você (de forma convidativa): Fale mais.
Cliente: Sério? Você tem o dia inteiro? Bem, vamos lá, você pediu. Em primeiro lugar, o último equipamento de GPS que vocês me mandaram não funcionou. E quando o enviei de volta para ser consertado, vocês me devolveram um item velho, recondicionado, que estava todo arranhado e mais parecia lixo.
Você: Compreendo que esteja aborrecido. Que outros problemas o senhor vem tendo conosco?
Cliente (mais calmo): Bem, na verdade, a maioria das outras coisas não tem tanta importância. E eles não trocaram aquela porcaria por outra melhor quando eu reclamei. Mas agora, o equipamento que encomendei para o carro da minha esposa não está funcionando. E quando enviei um e-mail a respeito disso não recebi resposta alguma.
Você: Certo, vamos garantir que esse problema seja resolvido o mais rápido possível. Acredito que provavelmente tenha sido uma falha do software que já foi corrigida. O senhor mesmo pode fazer o download e atualizar seu sistema. Caso isso não funcione, vou lhe dar meu número direto e poderemos encontrar outra solução. Mas, antes disso, existe algo mais que gostaria de compartilhar a respeito de sua experiência conosco?
Cliente: Apenas que não estou satisfeito com o serviço de atendimento ao cliente da sua empresa. Bem, exceto por agora. Talvez esteja melhorando. E me desculpe por ter gritado com você, porque sei que o que aconteceu não foi sua culpa.
Você: Não tem problema. Posso entender sua posição. Agora, vamos descobrir o que está acontecendo com seu novo equipamento...

Leia todo esse diálogo novamente e vai perceber um detalhe importante. No início, a arma do cliente estava apontada diretamente para o seu coração – seus produtos são péssimos, seus serviços são ainda piores, vocês são mentirosos. Vocês são uma droga. Mas, depois de alguns minutos, as coisas começaram a mudar sutilmente. Em algum momento, seu cliente se torna furioso com "eles", ou seja, com a "sua empresa". Por quê? Porque agora ele sente que vocês dois estão do mesmo lado e não quer agredi-lo. Depois que essa mudança ocorre, você pode parar de procurar um abrigo e começar a trabalhar junto com ele para resolver o problema.

Porque o "Hummm…" pode transformar alguém de inimigo a aliado com rapidez, e é provável que ache isso extraordinariamente eficaz em sua vida pessoal – em especial naquelas situações que são como barris de pólvora, em que uma palavra errada pode provocar uma explosão. Entretanto, um alerta: você está mais propenso a reagir de forma visceral com a raiva de um parceiro ou filho do que com a de alguém que não conhece, por isso coloque a cabeça em ordem antes de abrir a boca. Depois de ter feito o treino de velocidade do "Oh, p#@% para o OK", descrito no Capítulo 3, e com a certeza de que está sob controle, experimente algo assim.

Seu parceiro: Não acredito. Quero dizer, não posso acreditar. Você me prometeu que finalmente iríamos sair no fim de semana e agora está voltando atrás. É a sua cara.
Você: Hummm...
Seu parceiro: Hummm? O que você quer dizer com isso?
Você: Apenas que sei o quanto essa viagem era importante para você e que realmente sinto muito que o projeto esteja atrasado e eu não possa me afastar.
Seu parceiro: Você sempre diz isso. Há sempre alguma questão de vida ou morte no trabalho. Odeio isso.
Você: Então...
Seu parceiro: Então, eu gostaria que você encontrasse um emprego diferente, em que não haja tanta pressão. Ou que parasse de fazer planos quando sabe que não poderá cumpri-los. Ou... sei lá. Gostaria que porcarias como essas não acontecessem sempre. E sei que você também quer e que está preso neste trabalho agora. Imagino que também não seja divertido para você. Me desculpe, mas só estou extravasando minha irritação agora. Sinto muito, descarreguei em você.

Mais uma vez, você irá notar que seu objetivo não é resolver o problema específico que está enfrentando (embora algumas vezes isso possa acontecer). Na verdade, é mais do que apenas *falar* um com o outro, é ir além e *conversar*, *dialogar* um com o outro. Quando isso acontece, você atinge um ponto em que ambos podem trabalhar juntos como aliados para resolver uma questão, em vez de ficarem se atacando mutuamente.

Além do "Hummm", há outras palavras que podem neutralizar rapidamente uma conversa que está ficando mais tensa, como: "Sério?", "Então...", "Fale-me mais", "E, então, o que aconteceu?", e "O que mais você pode me dizer?". Mas, de todas, o "Hummm..." é minha favorita, pois pega as pessoas desprevenidas – e pegá-las de surpresa é uma boa maneira de impedir um ataque de fúria. Mova o indivíduo da hostilidade para uma ligeira incerteza e já deu um passo na direção certa.

Entretanto, não importa as palavras ou frases que você escolher. A chave é como usá-las: não é discutir, se defender ou inventar desculpas, mas dizer: "Você é importante. Seu problema é importante. E eu estou ouvindo". Transmita essa mensagem e seu problema – não importa qual seja – já estará a meio caminho de uma solução.

INFORMAÇÃO ÚTIL
Não fique na *defensiva*, vá *mais fundo*.

ETAPA DE AÇÃO
Ainda tem dúvidas a respeito da técnica do "Hummm..."? Ok. Então, dessa vez, vou fazer algo diferente e darei eu mesmo o passo à frente, imaginando mais uma conversa com você. Veja como seria:

Você: "Isso soa como um monte de lixo de psicologia. Por que você não pode me mostrar algo que eu possa usar!?".
Eu: "Hummm...".
Você: "Não tente usar essa baboseira de 'hummm' comigo!".
Eu: "Você parece zangado. Ou é apenas frustração?".
Você: "É mais frustração. Tenho que me fazer compreender por algumas pessoas, estou batendo a cabeça contra a parede e essa pressão está me afetando".
Eu: "Certo..."
Você: "Sim, se eu não fizer com que esses clientes em potencial me compreendam, não conseguirei realizar as vendas que preciso para atingir minhas metas".
Eu: "Fale-me mais".
Você: "Com essa economia louca, todos na empresa estão sob pressão para gerar mais vendas e, se não conseguirmos, será o mesmo que pedirmos para ser demitidos".
Eu: "Então você está com medo de que isso possa acontecer com você".
Você: "Sim, estou ficando cada vez mais tenso, o que me deixa impaciente com todos e com tudo, inclusive lendo este livro".
Eu: "Está com muito medo?".
Você (um pouco engasgado): "Apavorado".
Eu (fazendo uma pausa para você respirar): "Então, embora você já tenha se sentido assim antes e tenha se recuperado, sua preocupação é ser demitido e não se recuperar desta vez".
Você: "Um pouco, mas eu sempre me *recuperei*. Na verdade, acho que se me sair bem manterei esse emprego; caso contrário, encontrarei outro, como sempre fiz, e talvez em uma empresa que não esteja

passando pelo mesmo período difícil. Quero dizer, sou um ótimo vendedor".
Eu: "Então o problema não é você, é a sua empresa. É duro vender coisas que os consumidores não precisam ou não querem, mas quando está vendendo algo que as pessoas querem você se sai bem".
Você: "Melhor do que bem, eu me saio muito bem!".
Eu: "Então?"
Você: "Então, eu não tenho nada a perder. Se fizer o melhor que posso e não der certo, o problema não sou eu – é a minha empresa, e *posso* ir para outro lugar".
Eu: "Hummm".
Você (rindo): "Lá vem você com esse "hummm" de novo".
Eu: "Talvez tenha funcionado com você".
Você (relaxado): "E talvez eu precise ler este capítulo novamente".

18. A ESTRATÉGIA DA ESTIPULAÇÃO

***Benefício**: fazer com que um indivíduo se mova de considerar para "querer fazer" por meio da neutralização de seus pontos fracos.*

"Esconda uma fraqueza e o mundo imaginará o pior."
— Marcus Valerius Martial, poeta romano

Se você for familiarizado com procedimentos de tribunais norte-americanos, sabe que advogados fazem algo que chamam de "estipulação". Isso significa que eles concordam de antemão com algo.

Por exemplo, se o advogado de defesa estipula que as impressões digitais de John Doe estavam na arma que matou sua sogra, então todos aceitam o fato. A acusação não precisa convocar especialistas para depor, e o advogado de Doe pode seguir para o próximo passo: provar que a tentativa de homicídio foi justificada.

Por que a estipulação é uma técnica inteligente? Porque quando as pessoas já conhecem (ou descobrem rapidamente) o problema que você está admitindo, sua melhor jogada é tirar essa questão do caminho. Melhor ainda, muitas vezes você pode transformar esse problema em um recurso poderoso.

Frequentemente, investimos muita energia em esconder fraquezas até mesmo quando elas são visíveis para quem nos conhece. Resultado: deixamos as pessoas desconfortáveis, pois elas são forçadas a ignorar o problema e evitar falar a respeito dele. Quando as deixamos incomodadas, seus neurônios-espelho não são capazes de criar uma conexão emocional, pois estão evitando ativamente essa conexão. A mente delas não diz: "Estenda a mão para essa pessoa", e sim: "Tenha cuidado. Não confie nesse cara. Se ele está escondendo isso, provavelmente esconde algo mais".

A solução? Se há algum problema grande e evidente entre você e seu acesso a outra pessoa, especifique-o.

Veja aqui um exemplo. Recebi recentemente um bilhete de um rapaz que lê minha coluna no *Los Angeles Times*. Ele dizia: "Tenho 26 anos e sofro de g-a-g-u-e-i-r-a. A pior parte disso é nunca saber quando ela vai mostrar suas garras. E a incerteza provoca uma pressão que, é claro, piora o problema".

Ele era bom no que fazia, mas não conseguia trabalho – e sabia que o motivo disso era que sua gagueira (e os esforços bem-intencionados das pessoas em fingir não notá-la) deixava os entrevistadores muito desconfortáveis. Apesar da Lei dos Portadores de Deficiência Física, os empregadores sempre podem encontrar maneiras de desqualificar um candidato, e era exatamente isso que acontecia com esse rapaz.

Eu o aconselhei a experimentar uma abordagem que havia funcionado bem para um dos meus pacientes, chamado Joe. Ele estava no mesmo barco: ia de entrevista a entrevista e nunca era contratado por causa de sua gagueira.

Eu disse a Joe para não se estressar tentando evitar gaguejar – algo que nunca funcionou. Em vez disso, eu o instruí a dizer o seguinte no início de cada entrevista: "Tenho um problema de gagueira. A pior parte dele é que nunca sei quando vai acontecer. E quando acontece as pessoas são pegas de surpresa, sentem-se mal por mim, não sabem o que fazer e acabam incomodadas. Se eu começar a gaguejar enquanto estivermos conversando, o melhor a fazer é ter paciência comigo e, com sorte, logo desaparece. Caso contrário, teremos apenas que fazer o melhor que pudermos. Eu me desculpo com antecedência por qualquer inconveniente que isso possa lhe causar".

Por falar a respeito de sua gagueira de antemão, Joe eliminou o elemento surpresa e se sentiu mais calmo e controlado. Melhor ainda, ele conquistou a admiração e o respeito de outras pessoas pelo equilíbrio que demonstrou, pela antecipação do desconforto que poderiam sentir e pelos conselhos úteis para lidarem com esse desconforto.

Anos mais tarde, depois que sua gagueira quase desaparecera completamente, Joe me disse: "Eu ainda digo às pessoas que costumava gaguejar muito e explico a elas o que devem fazer se isso acontecer, pois é uma das maneiras mais eficazes de ganhar rapidamente o respeito delas *e* de fazer com que torçam por mim".

Essa abordagem também pode ajudá-lo a neutralizar outros tipos de problemas. Como psiquiatra que atua na área corporativa, muitas vezes enfrento uma batalha difícil assim que a audiência descobre minha profissão. Quando ouvem o que eu faço para sobreviver, posso vê-los revirando os olhos e sinto o ceticismo em muitos deles.

Para combater isso, uso minha versão particular da fala de Joe. Começo dizendo: "Sou um psiquiatra sem MBA nem treinamento formal na área de negócios. Sei que muitos duvidam e difamam a minha profissão. Mas existem algumas coisas que aprendi a fazer na minha carreira. Já ajudei filhos adultos a optarem por administrar morfina nos seus pais em estado terminal, consegui fazer com que casais que não dormiam no mesmo quarto há anos fizessem sexo novamente, convenci sócios que já estavam quase indo às vias de fato a se ouvirem, ajudei advogados a recuperar seu relacionamento com clientes, evitei que o sócio-fundador de um fundo de investimentos acabasse com a própria vida de forma tola e trágica... por tudo isso, posso afirmar que sei como me fazer compreender pelas pessoas. E imagino que serem compreendidos pelas pessoas é algo que vocês precisam todos os dias".

Isso é muito a ser dito apenas para que as pessoas me ouçam, mas funciona. Em dois minutos, transformo uma multidão hostil ou, na melhor das hipóteses, cética, em um grupo extasiado de pessoas que estão pensando: "Nossa, esse cara tem mesmo algo importante a dizer".

Essa mesma abordagem funcionará para você, mas apenas se for realizada da forma certa. São três ideias centrais: *entrar* (descrever o problema de maneira rápida e eficiente), *neutralizar o problema* (explicar como lidar com ele ou o motivo pelo qual não é realmente um problema), e *sair* (mover-se para o próximo tópico – não persistir ou exceder em detalhes). Veja aqui um exemplo:

Entrevistador de emprego: Então, fale-me a respeito de sua escolaridade e experiência.

Programador: Bem, acho que serei o único que não possui uma formação formal nessa área que você vai considerar para ocupar o cargo. Isso porque, de certa forma, eu "cresci nela" – criei meu primeiro software quando tinha apenas 9 anos de idade, e meus pais eram programadores, por isso acho que já nasci um *nerd*. Na verdade, consegui meu primeiro trabalho aos 16 anos, porque um vizinho descobriu que eu sabia criar bancos de dados e me contratou. Ele é aposentado, mas está listado como uma de minhas referências e sua loja até hoje usa minha programação.

Entrevistador: Nossa.

Programador: Também tenho uma lista de outros clientes que ficarão satisfeitos em lhe falar a respeito do meu trabalho...

Ao estipular um problema ou falha em potencial, faça-o de maneira confiante e natural. Quanto mais relaxado estiver, mais relaxada ficará a pessoa com quem você está conversando – e mais fácil será para ambos se concentrarem no que está sendo apresentado.

A estipulação requer coragem, mas a recompensa é grande. Ao usar essa abordagem, você irá transformar defeitos em recursos e possibilitar que as pessoas o vejam em vez de focarem no seu problema. Além do mais, talvez descubra, para sua grande surpresa, que o problema que vem segurando você é a chave para fazê-lo avançar.

A VOLTA POR CIMA

Há vários anos, dei uma palestra motivacional para um grupo de advogados, corretores de seguros e consultores financeiros. Pensei que tinha sido ótima, mas fiquei surpreso ao constatar mais tarde que ela não havia impactado meu público. Na verdade, eles a consideraram péssima.

Pior ainda, eu soube desse fato desencorajador apenas dois dias antes de dar a mesma palestra a um público ainda mais desafiador: contadores. Comecei a entrar em pânico, mas rapidamente me recompus e analisei a situação. Percebi que não havia nada errado com minha palestra; de fato, o problema estava no cenário do evento. Depois de uma manhã inteira de apresentações técnicas, minha audiência estava preparada para mais do mesmo, e eu exigi dela um salto mental muito grande.

Diante disso, comecei a fala da minha nova palestra dizendo o seguinte: "Algo engraçado aconteceu comigo quando estava a caminho para esta apresentação. Fiquei sabendo há dois dias que esta mesma palestra recebeu péssimas avaliações de uma audiência mais fácil do que vocês". (Isso gerou algumas risadas surpresas e nervosas, mas os deixou intrigados o bastante para continuarem ouvindo.) Continuei: "Percebi que o problema não foi a palestra, mas o cenário. Por isso, gostaria de experimentar uma coisa que os ajudará a obter algo valioso do que vou dizer, em vez de ficarem decepcionados".

Para auxiliá-los a fazer uma transição mental das apresentações técnicas das quais haviam participado a manhã inteira para minha palestra transformacional, solicitei que pensassem em momentos de grandes mudanças. Por exemplo, pedi para imaginarem que era o fim de semana posterior ao 11 de setembro de 2001, e que estavam em seus locais de culto e precisavam ouvir algo que os acalmasse e tranquilizasse, pois sabiam que suas vidas haviam mudado para sempre – ou para imaginarem que um filho amado, que tinha dificuldade de aprendizado e acreditava-se que não chegaria ao ensino médio, havia acabado de se formar na faculdade.

Eu era capaz de sentir suas mentes se movendo de *que novas leis tributárias devo adotar?* para *o que realmente importa em minha vida?*. Ao passar os olhos pelo local, vi centenas de pessoas começando a se concentrar com atenção e expectativa ao que eu diria a seguir.

Alguns dias depois, a organizadora do evento me enviou um e-mail dizendo que minha palestra foi de longe a mais elogiada do dia. Diversas pessoas, disse ela, comentaram que havia sido a melhor que já tinham assistido. Ao mostrar minhas fraquezas para meu público, criei uma empatia que permitiu que eles compreendessem e apreciassem minha mensagem. E, ao descobrir meu erro e superá-lo, aprendi algumas habilidades importantes que me tornaram um orador muito melhor e um palestrante mais confiante.

INFORMAÇÃO ÚTIL
Mostre equilíbrio expressando abertamente as dúvidas que as pessoas têm a seu respeito e elas provavelmente lhe darão uma atenção positiva e total.

ETAPA DE AÇÃO
Se você sabe que algo a seu respeito deixa as pessoas desconfortáveis, pratique formas de expor o problema e de como elas podem reagir a ele. Ensaie em frente a um espelho até ter certeza de que pode fazer isso confortavelmente em público.

19. DA TRANSAÇÃO PARA A TRANSFORMAÇÃO

Benefício: fazer um indivíduo se mover de considerar para "querer fazer" pela transformação de um relacionamento impessoal em pessoal.

"Eles não veem o céu."
– Africano caminhando em Manhattan

Minha filha, que estava se preparando para uma entrevista com o gerente de uma empresa financeira da Wall Street, me questionou: "Que pergunta eu poderia fazer para me destacar dos demais?".

Uma hora e meia mais tarde, no meio de uma reunião, recebi uma mensagem dela que dizia, com animação: "Pai, fiz a pergunta que sugeriu e a reação dele foi exatamente a que você previu. Ele olhou para o teto por um momento e disse: 'Essa é uma ótima pergunta para a qual não tenho uma resposta, mas deveria ter'. Depois disso, ele se conectou realmente comigo".

Quando o entrevistador quis saber se ela tinha uma pergunta, para conquistar o interesse dele, minha filha respondeu o seguinte:

"Eu gostaria que imaginasse que se passou um ano, e que você e seus superiores estão revendo as pessoas contratadas durante os últimos doze meses – e quando chegaram a este cargo, disseram: 'Consiga mais dez funcionários como esse. Foi uma das melhores contratações que fizemos em muito tempo'. Você pode me dizer o que esse contratado fez para que ele e você recebessem uma crítica tão elogiosa?".

Eu sabia que essa pergunta funcionaria. Também disse a minha filha como ela saberia que havia funcionado: observando os olhos do entrevistador. Pois no momento em que ele movesse os olhos para cima ou para longe, ela saberia que o havia movido da negociação para a transformação.

Negociação *versus* relacionamento

Hoje em dia, nós não nos relacionamos – fazemos transações. Casais de amantes ou marido e mulher negociam tudo, desde o jantar e as férias até o sexo. Pais negociam com os filhos para se prepararem para a escola e fazerem suas tarefas de casa. Gerentes negociam quando não estão coagindo. Todos dizem: "O que você vai fazer por mim?" e "O que eu preciso fazer em troca?".

Transações são adequadas se seu objetivo é trocar informações ou negociar contratos, mas elas têm uma falha fatal: não abrem a mente ou o coração. Uma comunicação transacional é como um encontro com seu caixa eletrônico. O dinheiro sai de sua conta bancária, passa para as suas mãos, e tudo é absolutamente correto – mas ao terminar você não sente vontade de dizer "Nossa, muito obrigado!".

Diálogos de negócios não criam vínculos em um relacionamento porque são impessoais e superficiais. Esse tipo de troca não afasta necessariamente as pessoas – minha filha poderia ter perguntado ao entrevistador: "Quais são os planos de saúde oferecidos neste emprego?", sem que isso o ofendesse – mas essa pergunta não os teria aproximado. Assim como uma operação em um caixa eletrônico, elas raramente promovem acontecimentos marcantes e são "tudo a seu respeito" em vez de "tudo a respeito da outra pessoa ou empresa".

Para criar um acontecimento marcante, é preciso mover-se de negociar para se relacionar. Como? Fazendo perguntas que permitam que o outro lhe diga: "É assim que eu penso", "É assim que eu sou", "É isso o que eu quero alcançar" ou "É assim que você pode fazer algo para tornar minha vida melhor".

Anos atrás, por exemplo, percebi que a maioria dos CEOs e gerentes não são apenas inteligentes, mas sábios – contudo, muitas vezes eles não têm a oportunidade de compartilhar sua sabedoria. Estão concentrados de forma tão intensa nos problemas corporativos cotidianos que raramente têm chance de pensar de modo mais profundo e criativo, ou de usar sua alta capacidade intelectual. Isso cria uma frustração, mesmo que seja inconsciente.

Quando faço perguntas que permitem que essas pessoas abram sua mente e expressem sua inteligência, eu testemunho um fenômeno peculiar: esses profissionais ocupados, cujo recurso mais valioso é seu tempo, ficam ansiosos por usá-lo comigo. Em quase um terço das vezes, eles pedem às secretárias para que não transfiram nenhuma ligação, ultrapassam o período estipulado para nossa reunião, me acompanham até a entrada do prédio da empresa para ter mais tempo comigo e me dizem: "Caramba, Mark, por favor, me lembre que sempre passamos do horário quando nos encontramos, para que possamos agendar reuniões mais longas ou um jantar".

Recebo esse retorno por um simples motivo: estou satisfazendo o déficit de receptores dos neurônios-espelho sobre o qual falei no Capítulo 2. Essas pessoas trabalham muito, dão o seu máximo e querem que o mundo saiba que são inteligentes, valiosas e criativas. Mas, em vez de receberem reconhecimento e apreciação por suas ideias e talento, elas normalmente ouvem: "O conselho não vai gostar desses números" ou "Onde está a análise de custos?" ou "O relatório mensal do seu departamento está atrasado". Isso faz com que se sintam apenas como mais uma peça da engrenagem.

Tenho verdadeira fascinação por essas pessoas como seres humanos, e faço com que elas saibam disso – geralmente com uma única pergunta. Em geral, o resultado é uma consideração sincera ou mesmo uma adesão imediata ao que estou dizendo.

Por exemplo, há pouco tempo me encontrei com Bill, vice-presidente de uma empresa de software. Conversamos por um longo tempo a respeito do motivo de nossa reunião, que era lidar com um problema de pessoal em sua empresa. Bill, um tipo visivelmente inteligente e interessante, estava em um rígido modo de negociação: "Quando você está disponível? De quanto tempo vai precisar? Quanto isso vai custar?"

Depois de mais ou menos uma hora, eu disse a ele: "Para que eu possa entender melhor se e como posso ajudá-lo, me diga o que sua empresa e especificamente seu departamento estão tentando realizar – isso é importante e fundamental. Também quero saber o motivo pelo qual definiram essa meta".

Bill fez uma pausa, olhou para o teto por alguns instantes e respondeu: "Essa é uma ótima pergunta, e vou precisar pensar mais a respeito disso".

Naquele ponto, pude sentir nosso relacionamento se movendo para um nível acima. De certa forma, Bill "viu o céu". Ele deu um passo para fora de seu pequeno mundo de barganhas, estratégias e vantagens e visualizou um cenário mais amplo para sua empresa e para seu próprio futuro. Permitindo-lhe fazer isso, criei uma ligação com ele, e quando seus olhos encontraram os meus novamente nossa conversa não era mais uma negociação, mas um diálogo.

O segredo para formular uma pergunta transformacional é simples. Indague a si mesmo: "Que pergunta poderia mostrar a essa pessoa que estou interessado em suas ideias, interesses, sucesso futuro ou vida?". Então faça-a. Veja alguns exemplos:

- "Se pudesse mudar algo sobre o direcionamento de sua empresa, o que seria?"
- "Se houvesse algo que eu pudesse fazer para ajudá-lo a alcançar suas metas mais rápido, o que seria?"
- "O que você teria mais orgulho em realizar?"

Para ver por que indagações como essas têm um efeito mais forte do que as perguntas transacionais, vamos observar dois diferentes cenários. Ambos envolvem Noemi, que está começando seu primeiro dia no emprego, e seu chefe.

Chefe: Olá, Noemi, como estão as coisas?
Noemi: Ótimas, obrigada. Agradeço pela ajuda de seu assistente. O primeiro dia é sempre um pouco confuso, mas estou pegando o jeito.
Chefe: Ótimo. Se você tiver alguma pergunta, basta falar com meu assistente.

Noemi: Certo, obrigada. Ah, o senhor sabe onde posso conseguir um grampeador?
Chefe: Claro, dê uma olhada no armário. E você pode me trazer os arquivos Johnson até o fim do dia?

Não há nada de errado com esse diálogo, mas Noemi não está causando nenhuma impressão em seu chefe nesse momento. Se ele se lembrar de alguma coisa a respeito dela mais tarde, será o grampeador.

Agora, visualize a impressão que ela causará nesta conversa:

Chefe: Olá, Noemi, como estão as coisas?
Noemi: Ótimas, obrigada. Agradeço pela ajuda de seu assistente. Ah, antes de sair, o senhor tem um segundo para duas perguntas rápidas?
Chefe: Hum, claro. Quais?
Noemi: Só para ter certeza de começar com o pé direito – quais seriam três coisas que o senhor sempre gostaria que eu fizesse, e três que gostaria que eu nunca fizesse?
Chefe: Nossa! (Com o olhar voltado para cima). Pergunta interessante. Talvez eu tenha que pensar a respeito e lhe responder depois. Mas, logo de cara, eu diria para nunca tentar encobrir um problema – basta me falar imediatamente a respeito, para que eu não seja pego de surpresa. E [rindo] sempre me passe as ligações de minha esposa, mesmo que eu esteja em outra linha, caso contrário, vou sofrer as consequências quando chegar em casa. Ah, sabe o Leo, aquele com quem vai trabalhar na conta Bradley? Sei que a geração do milênio tende a tratar os demais como veteranos, mas ele é o melhor da minha equipe, por isso preste muita atenção ao que ele diz.

As perguntas que Noemi fez a seu chefe no segundo cenário foram simples – muito mais simples do que "O que você quer fazer de sua vida?" ou "Que rumo você quer que sua empresa tome?". Mas elas atingem o mesmo objetivo: tiram a conversa do modo transacional (Onde está o grampeador/ Pode me passar os arquivos?), movendo-a para um nível superior (O que é importante para você? Como posso ajudar?).

O chefe, que ouviu as perguntas de Noemi, irá parar e pensar, e quando fizer contato visual com ela novamente ele a verá sob um novo prisma. A partir desse ponto, ela será uma colega – não apenas alguém que precisa de um grampeador.

COMO ISSO FUNCIONA NO CASO DE UM DISCURSO DE VENDAS?

Costumo falar para equipes de vendas e marketing de empresas farmacêuticas, entre elas a Eli Lilly, a Astra Zenica e a Bristol Myers Squibb, fora de seus locais de trabalho, mas também gosto de ajudar representantes de vendas de medicamentos que me visitam como psiquiatra clínico. (Eu mantenho uma pequena clínica psiquiátrica, só para ganhar amostras grátis. É brincadeira, relaxe.)

Digo a eles o que funcionaria para se fazerem compreender por mim, e eles acabam tendo sucesso ao usar essas informações com outros médicos. Primeiro, explico que a maioria dos profissionais dessa área trabalha muito mais hoje para ganhar a mesma quantia de dinheiro que ganhavam há dez anos, e eles sempre se deparam com pessoas com menos experiência que ganham muito mais dinheiro e têm maior segurança financeira.

Também digo a esses representantes que a maioria dos médicos sente que cuida de todos – família, pais idosos, funcionários – mas muitos não se importam com o fato de que ninguém cuida deles. (Pense em um enorme déficit de receptores dos neurônios-espelho!). Na verdade, muitos dirão que a melhor maneira de cuidar deles é não lhes dar ainda mais responsabilidades.

Além disso, pela natureza de seu trabalho, os médicos são quase completamente transacionais – "Diga-me qual é seu sintoma, deixe-me examiná-lo e realizar exames, e eu apresentarei o diagnóstico e o tratamento. Próximo!".

Então, se um representante de vendas quer mudar uma conversa transacional para outra mais memorável, digo a ele para fazer o seguinte comentário no final de sua apresentação de vendas: "Desculpe-me, Dr. Fulano, o senhor tem dois minutos para que eu possa lhe fazer uma pergunta diferente?".

A maioria dos médicos ficará aborrecida, pensando que o vendedor irá pedir conselhos médicos, mas por educação dirá: "Vá em frente".

Então, eu digo ao representante para prosseguir com: "Ouvi de muitos outros médicos que o trabalho atualmente não está sendo tão prazeroso como costumava ser, e que têm que trabalhar mais tempo e de forma mais intensa apenas para manter o mesmo padrão. Vocês trabalham duro, eu só queria saber se o senhor ainda tem prazer em ser um médico".

Tempos depois, alguns representantes comentaram comigo que os médicos são completamente pegos de surpresa e desarmados, e então olham para cima para refletir e respondem: "Sabe, é difícil ser um médico, e não estou certo de que recomendaria essa profissão para meus filhos, mas ainda assim é bacana. Quase todos os dias eu faço a diferença na vida de um paciente e, quando vejo o alívio que posso proporcionar a alguém, me sinto revigorado".

Algumas vezes os médicos até dizem "obrigado", e quase sempre isso torna os representantes memoráveis. E se os medicamentos que eles representam forem tão bons quanto os de seus concorrentes, esses médicos provavelmente irão querer experimentá-los.

Portanto, se você for representante de uma indústria farmacêutica, esta é uma fórmula da qual vai querer se lembrar: ser atencioso = mais medicamentos prescritos.

Que pergunta faria você olhar para cima?

Algo importante a respeito da técnica de "olhar para o céu" é que ela pode ser usada para impactar até mesmo a pessoa com a qual é mais difícil de se comunicar: você mesmo. Você já parou para pensar o quanto seu diálogo interno é transacional? Se você é como a maioria das pessoas, seu monólogo interior segue mais ou menos este padrão: *Se eu comer esta sobremesa, vou precisar passar mais tempo na academia. Nossa, estou atrasado, Sally vai ficar uma fera comigo. Paciência, ela se atrasou da última vez, então tudo bem. Droga, ainda não calculei os custos. Vou precisar ficar acordado até tarde. Eu deveria passar mais tempo com as crianças.*

Na próxima vez que se flagrar girando nessa roda de hamster transacional, experimente algo diferente. Pare o que estiver fazendo e sente-se. Respire fundo. E pergunte a si mesmo: "O que eu gostaria de estar fazendo da minha vida daqui a exatamente um ano?" ou "Do que eu estou precisando mais ou menos em minha vida agora?" ou "Quando meus filhos olharem para mim daqui a vinte anos, o que os deixaria orgulhosos a meu respeito?".

Faça a pergunta certa a si mesmo e vai perceber seus olhos se movendo para cima – um sinal claro de que sua mente está se abrindo para novas possibilidades. Responda a sua pergunta ("Eu gostaria de passar mais tempo com minha família", "Preciso passar menos tempo em reuniões inúteis", "Quero que meus filhos sintam orgulho por eu ter me arriscado em vez de ficar na minha zona de conforto") e você aprofundará seu relacionamento com a pessoa mais importante em sua vida: aquela refletida no espelho.

INFORMAÇÃO ÚTIL
Faça com que as pessoas olhem para cima e reflitam sobre o que perguntou a elas, e, quando olharem de volta para você, a conversa nunca mais será a mesma... Será melhor.

ETAPA DE AÇÃO
Na próxima vez que estiver preso em uma daquelas conversas transacionais rotineiras com um parceiro ou membro da família – discutindo sobre quem vai lavar a louça ou tirar o lixo, por exemplo –, pare, sorria e diga: "O que você acha que poderia ser divertido ou importante para fazermos juntos nos próximos cinco anos?". Em seguida, observe a rapidez com que você se move de "É sua vez de lavar a louça" para um plano de vida novo e melhor.

20. LADO A LADO

Benefício: *baixar a guarda de um indivíduo e movê-lo de resistir para ouvir.*

"Um encontro para pregação não é um lugar de encontro."
— Madre Teresa de Calcutá

É fim de semana, Will e seu filho de 15 anos, Evan, estão indo para uma loja de artigos esportivos. O rapaz espera fazer parte da equipe de tiro com arco de sua escola, e o pai o está levando para comprar algumas flechas novas.

Evan, pouco comunicativo como todo adolescente, bate o pé acompanhando a música de seu iPod. Enquanto dirige, Will fala inutilmente sobre as coisas em casa e no trabalho. Lança algumas ideias para as próximas férias da família, pensa alto a respeito de grelhar alguns bifes quando chegarem em casa, e então fala um pouco sobre um de seus colegas de trabalho que está causando problemas a todos.

O cara, diz Will, sempre foi um pé no saco, e todos sabiam que eventualmente ele iria fazer alguma besteira. Então, ele pergunta: "Me diga, qual de seus amigos você acha que provavelmente vai se meter em problemas algum dia?".

"Hã?", diz Evan, pego de surpresa. Ele não está animado por ter que responder a uma pergunta, mas ela soa melhor do que as habituais, como: "Você está conseguindo melhorar suas notas em espanhol?" ou "Podemos conversar sobre esse cabelo laranja?".

"Sim", continua Will, "Eu estava perguntando qual de seus amigos corre muitos riscos e, provavelmente, irá se meter em grandes problemas em algum momento – e, o mais importante, o que faz você pensar que será essa pessoa em particular?".

Pego de surpresa pelo fato de seu pai estar solicitando sua opinião, Evan pensa a respeito do assunto. Em seguida, ele responde, de uma maneira cooperativa pouco usual: "Acho que o Jake, porque quando ele entra numa parada ninguém consegue detê-lo, e ele já fez bobagens algumas vezes".

"Certo", responde o pai, resistindo bravamente à tentação de dar conselhos ou sugestões não solicitadas e continuando a conversa.

"Sim, ele já fez umas coisas e ficou de castigo por causa delas. Acho que ele e os pais não se dão muito bem", continua o rapaz.

"Bem, acho que seria interessante ver se sua previsão vai se tornar realidade. A propósito, se ele se metesse em encrenca, o que você faria?", completa o pai.

"Nossa, não sei", responde Evan. Ele pensa por um minuto. "Acho que, como sou seu amigo, eu tentaria ajudá-lo de alguma forma e provavelmente procuraria evitar que ele fizesse aquilo outra vez".

"Ele tem sorte de ter você como amigo", conclui Will.

"É, acho que sou legal nesse departamento", finaliza o filho.

Então... do que se trata tudo isso?

Will está fazendo com que seu filho se abra para ele usando uma técnica que eu chamo de Lado a Lado. Ela se baseia nos três fatos que se seguem.

- Fazer alguém se sentar e lhe dar um sermão raramente funciona, porque isso o coloca na defensiva – e uma pessoa na defensiva esconde as coisas de você. No entanto, trabalhe lado a lado com ela em uma atividade cooperativa e você irá baixar sua guarda e fazer com que se abra. É por esse motivo que negociadores de reféns tentam fazer com que os sequestradores se envolvam em uma atividade compartilhada, como permitir que comida ou medicamentos entrem em um edifício. E é por isso também que os mais velhos, reunidos em algum retiro ou por alguma causa social, descobrem segredos mais profundos do que uma espiã na cama com um político bêbado.
- Questionar funciona melhor do que falar. Por isso, Will não *falou* para Evan: "Não deixe que seus amigos o metam em problemas". Em vez disso, ele questionou o filho a respeito de coisas que o fizeram pensar, "Quem tem mais probabilidade de se meter em encrencas, e o que eu faria se isso acontecesse?". Ou seja, Will não usou palavras

para diminuir ou repreender Evan. Em vez disso, eles conversaram lado a lado *emocionalmente*, não apenas fisicamente.

- Ao permitir que uma revelação leve à outra sem interferir, você aprende ainda mais. Então, em vez de fazer uma "propaganda enganosa" que atraia seu filho para uma conversa que terminaria em um sermão ("Bem, é melhor se afastar do Jake, ou ele vai meter você em alguma enrascada também"), Will usou um meio para aprofundar o diálogo ("Certo") e uma segunda pergunta que permitiu a Evan compartilhar ainda mais.

Esses elementos da abordagem Lado a Lado – fazer perguntas durante um momento de proximidade, e então aprofundar a conversa com mais perguntas – têm o poder de levar a comunicação ao seu ponto máximo: são tão poderosos que formam o cerne do Método Socrático. Sócrates não fazia afirmações a ninguém; ele apenas andava pela cidade com pessoas e fazia perguntas a elas até que descobrissem as respostas por si mesmas, e durante esse processo ele ajudou a criar a civilização ocidental.

Contudo, essa técnica não se destina apenas a pais ou filósofos. Ela é também a base para a eficácia da MBWA (*managing by walking around*), uma técnica de gestão que tem sido usada com sucesso há décadas, que consiste em gerenciar "enquanto caminha pelo local de trabalho". É uma excelente ferramenta para alcançar dois propósitos: descobrir o que realmente está acontecendo na sua área e criar afinidade com colegas de trabalho durante o processo.

> Uma vantagem da técnica Lado a Lado é que ela não foca os erros passados do indivíduo. Em vez disso, você pode utilizá-la para explorar maneiras de fazer com que as coisas deem certo no futuro – exatamente como Will fez quando perguntou a Evan o que faria se seu amigo se metesse em problemas. Então, ao contrário de se aprofundar nas falhas do passado, você dá ao outro a chance de evitar as que podem acontecer no futuro.

A abordagem Lado a Lado é simples: junte-se ao outro em alguma atividade (de preferência algo em que você possa ser útil – mas até mesmo almoçar juntos é uma boa ideia), e então faça perguntas destinadas a obter informações sobre o que ele está fazendo, pensando e sentindo. Veja aqui um exemplo:

Graham (observando Victoria, uma subordinada, preparar apostilas informativas para uma reunião com clientes): Nossa, essa é uma pilha enorme de papéis para você carregar. Vamos, me dê algumas dessas pastas – eu tenho tempo livre e ficarei feliz em ajudar.
Victoria: Obrigada. Eu agradeço.
Graham (depois de alguns minutos ajudando): Então, o que você pensa a respeito deste material que estamos fornecendo aos clientes?
Victoria: Na verdade, eu não pensei muito sobre isso. Acho que, agora que você mencionou, parece muita coisa para eles examinarem.
Graham: Qual é sua impressão sobre a utilidade dele?
Victoria: Bem, parece que, quando os clientes falam conosco por telefone, querem saber se é fácil aprender o novo sistema e se o treinamento é rápido. Não estou certa de que eles queiram conhecer todas essas informações complicadas sobre a nova tecnologia. Eles só querem saber com que velocidade ela pode ser integrada.
Graham: Que outras impressões você percebeu nos clientes?
Victoria: Sei que algumas vezes eles ficam um pouco confusos com nosso manual. Talvez devêssemos simplificá-lo...

A técnica Lado a Lado é fácil de usar, mas são necessárias três precauções. A maior delas é: quando fizer com que alguém baixe a guarda, não traia sua confiança. *Não* use essa técnica para procurar informações negativas, ou as pessoas irão sentir que você está tentando espioná-las ou armando uma cilada, e não tentando aprender com elas. Receba as informações negativas com discrição, mas não procure por elas.

Além disso, não discuta com a pessoa com a qual está falando. Se você discordar de algo, resista à vontade de explicar por que está certo. Em vez disso, aprofunde a conversa fazendo outra pergunta. Veja este exemplo:

Sue (gerente de Miguel): Ei, parece que o novo boletim informativo da empresa está quase pronto. Nossa, parece ótimo – excelente trabalho. Quer que eu ajude na revisão?
Miguel: Claro. Fico feliz que você tenha gostado. Mas não estou totalmente satisfeito com ele porque não acho que o novo prédio da administração deva ser a história principal.
Sue: Do que exatamente você não gosta na história?
Miguel: É chata. Ninguém liga para ela, exceto o chefe. Foi ele quem insistiu nela.
Sue: O que você gostaria de ver na próxima edição?
Miguel: Algo com que os empregados se importem, não apenas o chefe.
Sue: O que você acha que iria interessá-los?
Miguel: Mais informações sobre as mudanças na política de férias. Só hoje, três pessoas me pediram mais informações a respeito disso. Alguns pensam que a nova política é injusta para funcionários mais antigos e querem saber por que a empresa resolveu promover essas mudanças.

Observe que quando Miguel critica a ideia do chefe, Sue não diz: "Bem, ele é o chefe, por isso toma as decisões" – algo que iria interromper por completo a conversa. E ela não argumenta ("Ei, muita gente quer saber como será o novo prédio"), o que iria afastá-lo. Em vez disso, ela permite que ele continue – e, no processo, descobre o assunto que está afetando os ânimos da empresa.

E isso me leva à terceira precaução: quando fizer perguntas às pessoas, respeite suas respostas. Se oferecem uma boa ideia, trabalhe nela (e deixe que saibam que você o fez). Mesmo que estejam fora do contexto, reconheça suas observações com comentários como: "Vale a pena refletir sobre isso" ou "Eu não havia observado sob esse prisma". Se for o caso, agradeça um comentário dizendo: "Ótima ideia" ou "Fico feliz que você faça parte de nossa equipe – preciso de pessoas com ideias criativas como essa".

Se você é um gerente ou CEO, use a abordagem Lado a Lado regularmente e verá diversos resultados. Você irá cortar rumores tóxicos pela raiz. Funcionários mais reclusos irão se aproximar de você. E você fará seu trabalho mais rápido, melhor e com maior facilidade, pois terá uma compreensão mais profunda das pessoas ao seu redor.

"O QUE VOCÊ DIRIA..."

Eu era um residente de psiquiatria no segundo ano da UCLA, e uma enfermeira do setor de oncologia estava respondendo às minhas perguntas: "O que a Sra. Franklin vem dizendo e fazendo desde que a ressonância magnética mostrou que seu câncer no seio voltou?".

"Ela tem chorado muito e sua família e seu médico estão tentando tranquilizá-la, afirmando que ainda é tratável", respondeu a enfermeira.

Continuei: "Na sua experiência, o que funciona melhor em casos como esse?".

Jane, a enfermeira-chefe do setor, juntou-se a nós e disse: "Quanto mais permitimos que expressem seus sentimentos, fiquem tristes ou zangados, mais rápido eles passam. Alguns oncologistas mais jovens ficam desconfortáveis com as emoções de seus pacientes e isso atrapalha o sucesso de seu trabalho".

Em vez de cometer o erro de um médico inexperiente tentando soar como se eu já soubesse de tudo aquilo, perguntei: "Jane, você é obviamente muito experiente nisso. O que você poderia dizer a esses médicos para auxiliá-los e ajudar os pacientes a passarem por essas más notícias com mais facilidade?".

"Humm", pensou Jane. "Eu poderia dizer aos médicos que sei que eles se preocupam, mas que tudo pode ser mais tranquilo se eles permitirem que seus pacientes tenham reações iniciais fortes depois de ouvirem notícias ruins. Será útil dizer a eles: 'Eu entendo seu aborrecimento. Gostaria de me fazer alguma pergunta agora? Caso contrário, vou lhe dar um tempo para se adaptar a tudo isso e volto em algumas horas para ver você e então poderemos conversar mais'".

"Este é um ótimo plano", falei agradecido. "Jane, você realmente conhece seu trabalho e se preocupa com os pacientes e com os médicos. Volto amanhã e você pode me contar mais".

Essa interação Lado a Lado não apenas resolveu um dos problemas com os quais tinha que lidar, mas o fez sem que eu tivesse que escrever um daqueles temidos relatórios de consulta oficiais que nós, residentes, detestávamos.

Com essas minhas "caminhadas pelos arredores", eu acabei fazendo quase a maioria das consultas e o menor número de relatórios oficiais de todos os residentes de psiquiatria designados para esse serviço durante meu período de seis meses. E, o mais importante, escrever menos relatórios possibilitou que eu passasse mais tempo com os pacientes da oncologia que precisavam da minha ajuda.

INFORMAÇÃO ÚTIL
Quando não for possível se fazer compreender face a face, experimente lado a lado.

ETAPA DE AÇÃO
Se você for um gestor, use a técnica Lado a Lado para descobrir o que se passa com seu empregado mais produtivo e veja se consegue encontrar formas de torná-lo ainda mais feliz ao trabalhar para você. Em seguida, dê uma volta e utilize-a com seu funcionário menos produtivo, e veja se consegue descobrir alguma pista sobre o motivo de seu desempenho ser inferior.

21. PREENCHA OS ESPAÇOS EM BRANCO

Benefício: mover um indivíduo do estágio de "querer fazer", fazendo com que ele se sinta visto e compreendido.

"Ouvir bem é um meio de comunicação e de influência tão poderoso como falar bem."
– John Marshall, Juiz da Suprema Corte de 1801-1835

Kate está pensando em me contratar para interromper a saída dos melhores jogadores de sua empresa depois do desagradável rompimento de uma sociedade. Mas ela não confia em mim e não está pronta para revelar as deficiências de seu negócio a um estranho.

Depois de dizer "olá", ela cruza os braços e espera que eu faça as perguntas que todos os outros consultores geralmente fazem: "Que resultados você está procurando?", "Qual é seu prazo?", "Quanto está disposta a gastar?".

Mas não é o que faço. Em vez disso, digo: "Você está pensando em contratar alguém como eu porque quer _____", acompanhando minhas palavras com um gesto convidativo para encorajá-la a responder. Então, sento-me silenciosamente e ouço. E espero.

Depois de uma pausa, Kate descruza os braços, inclina-se para a frente, e diz: "Porque quero que este seja um bom lugar para se trabalhar novamente. E desejo que as pessoas trabalhem para mim porque querem, e não porque precisam".

Nesse momento, eu sei que posso ajudar Kate, e estou bem certo de que ela irá permitir que eu o faça. Isso porque criei uma força de tração, puxando Kate na minha direção, em vez de me lançar sobre ela.

Quando você se encontra pela primeira vez com um possível consumidor ou cliente, o jogo está equilibrado. Assim que você realiza uma venda ou tenta convencê-lo a respeito de algo, o poder passa para as mãos dele. A chave é fazer com que os clientes busquem você desde o início.

O segredo é conduzir essas pessoas para uma conversa, em vez de fazer perguntas que as coloquem na defensiva – e é aí que entra a abordagem de preencher os espaços em branco.

Ao fazer perguntas diretas, você espera demonstrar um interesse real. No entanto, as pessoas que recebem essas perguntas podem se sentir desafiadas, como um aluno sendo colocado em evidência por um professor. Perguntas sensíveis, feitas nos momentos certos, podem transformar intensamente um relacionamento (veja nos Capítulos 6 e 19), mas abordar um cliente novo com uma pergunta transacional, como: "O que você quer?" ou "Posso lhe mostrar por que nosso produto é melhor?", pode criar uma resistência enorme.

A abordagem de preencher espaços em branco possui um efeito contrário: atraí-lo na sua direção. Você não se apresenta como um professor exigente; em vez disso, parece mais com um tio, tia, avô ou avó em quem se pode confiar, dizendo: "Ora, vamos lá. Vamos falar a respeito disso e encontrar uma solução".

Experimente você mesmo e observe se sente a diferença entre as duas técnicas. Primeiro, imagine que eu esteja sentado na sua frente, dizendo: "Então, o que você espera obter deste livro?". Um pouco intimidador, não é? Agora, imagine que eu esteja lhe dizendo, de uma maneira encorajadora: "Você está lendo este livro porque quer aprender a _____. E o motivo pelo qual é importante para você aprender como fazer isso é _____. E se puder aprender e colocar em prática agora, isso o beneficiaria com _____". Se você é como a maioria das pessoas, irá se sentir disposto e de fato um pouco ansioso para se abrir e compartilhar seus pensamentos comigo.

Convidar as pessoas para preencher os espaços em branco também elimina a ameaça de dissonância. Se estiver fazendo suposições erradas a respeito das necessidades ou motivações de alguém – por exemplo, pensando que o Sr. Jones está procurando algo "simples e barato" quando ele realmente precisa de algo "rápido e eficiente" – você pode perder um cliente ou a venda. Deixe que seu cliente preencha os espaços em branco, e você terá as respostas certas.

A abordagem de preencher os espaços em branco funciona especialmente bem com vendas, pegando as pessoas desprevenidas quando estão preparadas para uma negociação difícil. Quando as surpreende fazendo algo totalmente diferente, suas barreiras costumam cair bem rápido. Essa técnica também desarma as pessoas metaforicamente e de fato, pois, ao combinar suas palavras com um gesto convidativo das mãos, isso faz com que elas descruzem os braços e abram a mente. Aqui está um exemplo:

Dana: Olá, muito obrigada por reservar um tempo para se encontrar comigo.
Sandhya: De nada. Mas estou com muita pressa, e não tenho realmente certeza de que estamos interessados em seu software no momento. Então, podemos ser rápidas?
Dana: Sim, e obrigada por me receber estando tão ocupada. Seu assistente mencionou quando cheguei que você está correndo contra um prazo muito apertado.
Sandhya: Um prazo de vida ou morte, na verdade. Mas tenho cerca de 15 minutos.
Dana: Eu agradeço, e vou garantir que terminemos a tempo. Para começar, preciso de uma pequena informação: você está pensando em adquirir nosso software ou um produto similar, porque (fazendo um gesto convidativo com as mãos) _____.
Sandhya: Bem... porque nosso software atual não está realizando o trabalho que precisamos. Ele nos enlouquece porque trava com muita frequência – e é extremamente lento. Na verdade, esse é um dos motivos pelos quais estamos em pânico para cumprir esse prazo agora.
Dana: E ao mudar para o nosso software, ou o de outro fornecedor, você espera conseguir _____.
Sandhya: Trabalhar mais! Precisamos fazer mais em menos tempo, e isso não é possível se o sistema travar uma ou duas vezes por semana. Isso é inaceitável.

Aí está! Força de tração imediata. De fato, Sandhya está fazendo grande parte do trabalho de venda de Dana ao analisar todas as razões pelas quais sua empresa precisa desesperadamente de um novo software. Se o produto de Dana for realmente melhor, suas chances de realizar a venda parecem boas – mesmo que ela ainda não tenha dito uma só palavra sobre si mesma ou sobre seu produto.

Aliás, Dana faz duas outras coisas inteligentes em seu movimento de abertura que devem ser imitadas. A primeira é dizer "você está pensando em adquirir...", porque isso é mais positivo do que "você está tentando encontrar", que soa como um trabalho duro, ou "você precisa", que implica uma posição subserviente. "Pensando em adquirir" reforça a crença das pessoas de que elas estão no controle e têm opções e escolhas positivas.

Dana também falou de "nosso software ou um produto similar", em vez de dizer apenas "nosso produto". (Como consultor, uso as palavras "eu ou alguém como eu".) O reconhecimento de que pode escolher outra pessoa ou um produto diferente faz com que um cliente em potencial se sinta menos forçado ou encurralado.

Mas o poder real da técnica de preencher os espaços em branco está no fato de que você não diz nem pergunta às pessoas o que elas querem. Em vez disso, faz com que *elas* digam a *você* o que querem. Isso as faz pensar imediatamente: "Sim, sim – é por isso que estou aqui com você". Como resultado, você não precisa colocar seu pé para segurar a porta, de fato, o cliente é quem vai abri-la para você e convidá-lo a entrar.

A Ferramenta Nunca Mais

Veja aqui um uso diferente para a técnica de preencher espaços em branco: use-a para se comunicar consigo mesmo.

Assim como todo mundo (inclusive eu), às vezes você faz coisas terrivelmente estúpidas. Isso não é grande coisa, a não ser que continue a fazer as mesmas coisas repetidamente.

Se perceber que está preso em um ciclo de comportamento autodestrutivo, interrompa-o com uma variante dessa técnica que eu chamo de Ferramenta Nunca Mais. É uma excelente maneira de baixar suas próprias defesas e começar um diálogo interno que pode salvá-lo de muitos problemas no futuro.

Para entender o motivo, pense em sua reação típica depois de cometer um ato impulsivo ou tolo que prejudica sua carreira ou enfurece seus familiares. Provavelmente, você dirá a si mesmo: "Que idiota! Que imbecil! Não acredito como você é estúpido. Estúpido, estúpido, estúpido. Você consegue ser mais estúpido?". Ou diz a si mesmo: "Ei, não foi minha culpa. Eu não posso fazer nada se os clientes são imbecis/ o chefe é um idiota que não me apoia/ minha esposa esgota a minha paciência quando me critica demais".

Nenhuma dessas reações faz bem (embora ambas sejam perfeitamente normais nos primeiros segundos terríveis depois que você percebe que fez besteira). Se não superar rapidamente essas reações mecânicas, você vai se armar para futuros fracassos, convencendo a si mesmo de que é um idiota que sempre faz bobagens ou de que as pessoas ao seu redor são idiotas que o fazem cometer erros e não há nada que possa ser feito a respeito disso.

Em vez de preparar o terreno para seu próximo desastre, faça algo diferente na próxima vez que cometer um erro. Pegue um cartão em branco, escreva as frases seguintes e preencha os espaços com suas respostas:

1. Se tivesse que fazer isso outra vez, o que eu faria de forma diferente seria:
_____
_____

2. Eu faria as coisas de forma diferente porque:
_____
_____

3. Meu compromisso de fazer isso (a nova ação) na próxima vez é ___. (1 = não vou fazer; 5 = talvez; 10 = vou fazer).

4. Uma ótima pessoa para me cobrar essa ação seria:
_____
_____

Essa é uma abordagem poderosa porque você não vai se autocensurar ou jogar a responsabilidade para outra pessoa – duas armadilhas que o fazem evitar olhar com honestidade para o que realmente aconteceu e para o motivo de ter acontecido. Em vez disso, você estará ressignificando sua experiência de uma maneira que o leve a uma ação positiva.

Ao fazer esse exercício, certifique-se de preencher o último espaço, selecionando um mentor que o lembrará de seu compromisso com a verdade. Escolha alguém em quem confia e que respeita, e cujo respeito gostaria de ter. Essa é uma excelente maneira de fazê-lo parar e pensar quando estiver prestes a repetir um grande erro.

INFORMAÇÃO ÚTIL
Perguntas diretas fazem com que as pessoas se sintam intimidadas. Deixe-as preencher os espaços em branco e elas irão sentir que você está realmente conversando *com* elas.

ETAPA DE AÇÃO
Um grande problema para muitos gerentes (especialmente mulheres) é a dificuldade de dizer "não" a qualquer solicitação – mesmo que já estejam muito ocupados. Isso porque são solucionadores de problemas responsáveis e estão dispostos a ajudar. E é aí que preencher seu próprio espaço em branco usando a Ferramenta Nunca Mais pode ser útil.

O problema é que dizer "sim" com muita frequência leva ao esgotamento e tende a deixar todos infelizes se você acumula muitos afazeres ao mesmo tempo. Se você continua dizendo "sim" quando precisa dizer "Sinto muito, terei que recusar", experimente a Ferramenta Nunca Mais em si mesmo. Quando for o momento de eleger alguém para responsabilizar, escolha um parceiro ou filho que esteja cansado de ter que lutar por sua atenção.

22. NÃO PARE ATÉ RECEBER UM "NÃO"

Benefício: mover o indivíduo rapidamente por cada fase do Ciclo de Persuasão, desde resistir a "fazer", criando acordos onde eles não existem.

> "A vida é uma série de situações de vendas
> e a resposta é 'não', se você não perguntar."
> — PATRICIA FRIPP, COACH EXECUTIVA

Walter Dunn foi um dos principais perfis da Coca-Cola por quatro décadas. Ele era responsável por muitas das maiores contas da empresa, incluindo a Disney e organizações de esportes profissionais.

Walter me contou como, anos antes, ele havia tentado colocar a Coca-Cola em uma das principais redes de cinema. Depois de conversar com o representante do grupo por algum tempo, ele recebeu esta resposta: "Desculpe, Walter, a resposta é 'não'. Decidimos ficar com a Pepsi".

Sem perder um segundo, Walter respondeu: "Que pergunta eu falhei em fazer, ou que problema deixei de abordar, que – se tivesse feito – teria resultado em uma resposta diferente de sua parte?".

O homem respondeu: "A Pepsi sabia que estávamos reconstruindo nossos *lobbies* e se ofereceu para financiar uma grande parte das obras".

"Poderíamos fazer isso também", acrescentou Walter.

"OK, a conta é sua", respondeu o representante.

Pergunte a gerentes ou vendedores: "Qual é o maior erro que você pode cometer?" e muitas vezes eles responderão: "Pedir muito".

Mas eles estão enganados – na verdade, o maior erro que você pode cometer é pedir muito pouco. Ao pedir pouco demais, você terá que dar explicações quando seus superiores perguntarem por que não obteve mais.

A melhor abordagem é continuar impulsionando na direção do que você quer até receber um "não". Isso irá sinalizar que está prestes a conseguir o máximo possível do outro. E, o mais importante, essa será uma de suas melhores oportunidades de demonstrar equilíbrio e fechar uma venda ou acordo.

A maioria das pessoas tem medo de experimentar essa abordagem, porque pensa que "não" realmente significa "não". Nos relacionamentos amorosos, isso costuma ser encarado de forma literal – mas nos negócios, surpreendentemente, não é bem assim que acontece. Contudo, para ir do "não" ao "sim", você precisa fazer os movimentos certos.

Digamos que você esteja tentando conseguir que um cliente (nós o chamaremos de Ned) compre um produto, contrate-o como consultor, ou mantenha sua empresa em um projeto. Mas, depois de apresentar o acordo que espera fazer, Ned diz não.

Com isso, ele fica um pouco tenso e na defensiva porque imagina que você esteja frustrado, zangado ou chateado – ou que vá começar uma tentativa de venda insistente, tornando a vida dele um inferno pelos próximos 15 minutos. Se fizer alguma dessas coisas, você não irá conquistar Ned. Em vez disso, respire fundo e então, o mais sinceramente possível, diga: "Eu forcei demais ou falhei em abordar algo que era importante para você, não é?".

Depois de se recuperar do choque momentâneo com a sua lucidez e humildade, Ned concorda com um movimento de cabeça ou até mesmo diz, com um sorriso constrangido: "Sim, com certeza". Nesse momento, a vantagem passa para suas mãos. Por quê? Porque Ned está concordando mentalmente e se alinhando psicologicamente com você. Em outras palavras, sem ter consciência disso, ele de fato está começando a dizer "sim".

Depois que você conseguir essa espécie de concordância ("Sim, eu concordo que você estragou tudo!"), é hora de usar a abordagem Preencha os Espaços em Branco, do Capítulo 21, para aproveitar o momento, dizendo: "E o ponto em que fui longe demais e os pontos do acordo que não consegui abordar foram _____".

Se Ned for como a maioria das pessoas, ele irá responder essas perguntas honestamente. Enquanto elabora seus comentários, ele fará duas coisas: irá desabafar a frustração a seu respeito e dizer o que precisa de você. Ambas lhe darão o poder de ir do "não" para o "sim".

Aqui está um grande exemplo de como essa técnica funciona. É sobre Luke, um gerente de contas de uma agência de relações públicas. Ele está concentrado em um grande negócio: quer persuadir Joel, um CEO, a transferir uma grande campanha para a agência em que trabalha, rompendo um relacionamento de longo prazo com a sua atual agência.

Joel: Sinto muito. Estamos satisfeitos com o que temos agora, e vocês não são a opção certa para nós. Mas eu realmente agradeço por sua atenção.
Luke: Também agradeço por sua atenção. E eu poderia fazer apenas uma pergunta?
Joel (um pouco na defensiva): Certo, mas eu definitivamente não quero discutir minha decisão.
Luke: Não, não se trata disso. Eu estava imaginando se você poderia me dizer uma coisa... a pergunta que deixei de fazer ou o problema que não resolvi e que poderia fazê-lo ter outra opinião foi _____ _____.
Joel: Bem... na verdade, acho apenas que a outra agência se encaixa melhor, porque eles têm um membro da equipe que trabalhou no nosso ramo por algum tempo, e não parece que você tenha a mesma experiência.
Luke: Sabe, eu devia ter abordado isso. Uma coisa que sempre fazemos é contar com um consultor que tenha bastante experiência na área do cliente. Fizemos isso ano passado com a conta da Chandler, porque eles queriam que começássemos com entusiasmo e energia, sem perder tempo. Era um projeto grande, por isso contratamos dois consultores que juntos tinham 40 anos de experiência em agricultura.
Joel: Sério?
Luke: Claro. A Chandler ficou entusiasmada com sua campanha e nos deu todo o crédito por seu avanço nos lucros este ano. Esse é apenas um exemplo do que podemos fazer com consultores especializados. Nossa agência só se satisfaz com resultados extraordinários,

que superem as expectativas de nossos clientes, pois nossa reputação depende disso. Conhecemos nossos pontos fortes e, quando precisamos de experiência em outras áreas, recorremos a serviços de terceiros que atuam nelas. Então, os resultados para nossos clientes são sempre de primeira qualidade. No seu caso, temos uma excelente equipe de recrutamento cujos membros podem identificar com rapidez os candidatos perfeitos, com experiência no ramo, para que possamos alcançar os melhores resultados para vocês. Por causa de nossa reputação, podemos atrair os profissionais mais talentosos de cada área.
Joel (começando a mudar de "não" para "sim"): E isso não aumentaria muito os custos?
Luke: Mesmo que contratemos um consultor especialista – alguém com mais experiência do que a oferecida por sua agência atual – nosso custo ainda será mais baixo em razão da verba que economizamos com nossos recursos internos de produção. E uma vez que só usamos pessoas que produzem excelentes resultados, evitamos gastos desnecessários e perda de tempo no futuro, pois não haverá necessidade de corrigir uma campanha malfeita.
Joel: Hummm...

A vantagem dessa abordagem é que o cliente se sente no controle – e ele está no controle – o tempo todo. Você não está se lamentando, intimidando ou tentando dominar o outro; em vez disso, está permitindo que ele lhe ofereça livremente as informações das quais precisa para uma jogada determinante.

E sim, isso é um pouco arriscado de se fazer, e talvez não seja aconselhável tentar se você for um gerente de contas ou vendedor iniciante. É também uma abordagem para ser evitada se você estiver satisfeito em realizar transações seguras e menos importantes. Mas, se tem confiança e quer sair da zona de conforto, experimente – pois, do contrário, você nunca saberá se é talentoso o bastante para conquistar grandes negócios. É o que diria Walter Dunn.

INFORMAÇÃO ÚTIL

Até que alguém lhe diga "não", você ainda não pediu o suficiente.

ETAPA DE AÇÃO

Se você trabalha com vendas ou administração, pense na última venda ou transação que fez. Agora, pegue um pedaço de papel e escreva a resposta para esta pergunta: "O que mais eu poderia ter pedido, e possivelmente conseguido, se não tivesse ficado com medo de ouvir 'não'?".

23. O PODEROSO OBRIGADO E O PODEROSO PEDIDO DE DESCULPAS

Benefício: mover um indivíduo de "fazer" para "feliz por ter feito" e "continuar a fazer" usando o Poderoso Obrigado, ou de resistir para ouvir com o Poderoso Pedido de Desculpas.

"Noventa por cento da sabedoria é reconhecimento."
— Dale Dauten, colunista de jornal

Aprendi mais a respeito da vida com meus filhos do que com meu treinamento em psiquiatria – especialmente quando se trata de tocar o coração e a mente de outras pessoas.

Por exemplo, aprendi com minha filha Lauren que um simples gesto pode aquecer o coração de alguém por anos. No caso dela, o gesto foi uma mensagem que me enviou por e-mail quando tinha 23 anos. Ela dizia:

> Oi, pai, noite passada eu caminhava por Manhattan como costumo fazer com meus amigos, e conversávamos a respeito de como nos sentimos confusos sobre nosso futuro. Como muitas vezes, eu disse: "Meu pai diz..." e, como sempre, isso tornou a conversa consideravelmente melhor. Não sei quantos de meus amigos podem dizer o mesmo a respeito de seus pais. Tenho tanta sorte de ter um pai tão sábio, ainda que ele more a 5 mil quilômetros de distância. Vejo você em algumas semanas. Com amor, Lauren.

Eu não venderia essa mensagem nem por um milhão de dólares. E não importa o quanto meu dia esteja sendo ruim, o quanto as pessoas sejam rudes ou irritantes para mim, ou quão pouco retorno positivo receba, eu sei que sou importante – porque há um pedaço de papel que carrego no bolso que diz isso.

"Obrigado" *versus* o "Poderoso Obrigado"

Tenho filhos maravilhosos que são ótimos em agradecer quando faço coisas para eles. Mas o bilhete de Lauren se destacou porque não era apenas um "obrigada" – era um Poderoso Obrigada.

Claramente, não há nada de errado em dizer apenas "obrigado" quando alguém o ajuda. De fato, essa é a coisa certa a fazer, mas se você parar por aí, sua comunicação é meramente transacional (você fez algo bom para mim, então eu lhe direi algo educado). Isso não toca o outro nem fortalece o relacionamento entre vocês.

É por esse motivo que, se você estiver profundamente grato a alguém que tenha feito algo excepcional por você, é preciso expressar essa emoção indo além das palavras simples e oferecendo um Poderoso Obrigado. Ao fazer isso, suas palavras irão gerar sentimentos fortes de gratidão, respeito e afinidade na outra pessoa.

Aqui está minha versão favorita do Poderoso Obrigado. Ela foi inspirada por Heidi Wall, cineasta e cofundador do Flash Forward Institute, e tem três partes:

Parte 1: Agradeça à pessoa por algo específico que ela tenha feito por você. (Também pode ser alguma coisa que ela tenha deixado de fazer que o magoaria.)

Parte 2: Reconheça o esforço que foi feito pela pessoa para ajudá-lo dizendo algo como: "Sei que você não precisava ter _____" ou "Sei que você se esforçou para _____".

Parte 3: Conte à pessoa a diferença que o ato dela fez pessoalmente para você.

Veja um exemplo do Poderoso Obrigado em ação.

Donna, uma gerente, falando com um subordinado: Larry, você tem um segundo?

Larry: Claro. O que houve?

Donna: Nada. Eu só queria lhe agradecer por ter cuidado tão bem da conta da Bennett quando eu estava ausente por causa da minha cirurgia de emergência.

Larry: Ei, não foi nada. Fiquei feliz em ajudar.

Donna: Na verdade, tenho certeza de que criei alguns transtornos para você. Sei que estava planejando sair com seus filhos e ouvi de seus colegas de trabalho que, em vez disso, você passou o fim de semana inteiro no escritório se inteirando dos detalhes da conta. Não acho que qualquer pessoa teria reorganizado seus compromissos com tanta disposição – e eu duvido que a maioria pudesse ter feito a reunião com Bennett de maneira tão brilhante como você fez.

Larry: Bem, obrigado. Eu fiquei um pouco preocupado, mas estou feliz por termos conseguido.

Donna: Não se engane. Você conseguiu. Fez com que nós dois ficássemos bem-vistos, e marcou um grande ponto para todo o departamento. Estou muito agradecida, assim como o restante da equipe.

Donna poderia simplesmente dizer "obrigada" nessa situação, e isso seria o que a maioria dos gerentes faria. Entretanto, se ela o tivesse feito, Larry – embora seja um cara muito legal – teria se sentido, de certa forma, traído. Por quê? Se alguém realiza um ato extraordinário de gentileza ou apoio e tudo o que você diz é "obrigado", acaba criando uma lacuna no receptor de neurônios-espelho (veja mais sobre isso no Capítulo 2) do outro, porque emocionalmente não está retribuindo o mesmo que recebeu. Dizer "obrigado" é melhor do que nada, mas não é bom o suficiente.

No entanto, o Poderoso Obrigada de Donna fez com que Larry se sentisse totalmente espelhado. Ela não apenas expressou apreço, mas também reconheceu a gentileza, a inteligência, o comprometimento e a boa vontade dele para ajudar outras pessoas. Como resultado, ela reforçou seu laço com Larry e deu a ele ainda mais incentivo para enfrentar situações difíceis.

Observe que o Poderoso Obrigado não apenas faz com que o outro fique bem. Ele também faz com que você fique bem com todos os envolvidos, por mostrar que tem empatia e humildade, e que se preocupa. Ele também mostra que você é confiável quando se trata de dar crédito a quem é devido – algo que pode conquistar importantes aliados em um mundo corporativo em que as pessoas se queimam frequentemente pela deslealdade.

Para fazer com que essa abordagem seja ainda mais eficaz, ofereça seu Poderoso Obrigado em um ambiente coletivo, se possível. Quanto maior o público-alvo de suas palavras, mais impactante será o efeito.

O Poderoso Pedido de Desculpas

Enquanto Lauren me ensinou a importância do Poderoso Obrigado, minha outra filha, Emily, me ajudou a reforçar a lição de que não é possível subornar as pessoas quando as magoa.

Começou com um telefonema de minha esposa, dizendo: "Você tem um grande problema!". O motivo: eu não consegui comparecer à apresentação de dança de Emily quando ela tinha sete anos. "Ela ficou procurando, e você não estava lá", disse minha mulher. "Acho que precisa ter uma conversa com ela. Eu não iria querer estar no seu lugar".

Eu imediatamente pensei em "suborno e compensação", então fui a uma loja comprar uma linda boneca com braços e pernas que se torciam como limpadores de cachimbo. Quando cheguei em casa, minha esposa apontou o quarto de Emily. Sentei-me na cama dela e disse: "Eu prometi a você que iria a sua apresentação de dança e não fui, não é?".

Emily travou uma batalha perdida contra as lágrimas, com a boca aberta e tentando olhar para o teto. Continuei: "Cometi um erro, sinto muito e vou lhe dizer uma coisa. Nunca mais vou lhe prometer algo e deixar de cumprir. Quero que possa confiar no que eu disser. Por isso não vou mais fazer muitas promessas. Em vez disso, direi: 'Vou tentar', e então espero surpreendê-la com mais frequência do que decepcioná-la".

Eu a abracei, entreguei a boneca e ela retribuiu o abraço. Mas no dia seguinte à nossa conversa, encontrei a boneca na lata de lixo de seu quarto. Magoado? Fiquei um pouco, mas tive que sorrir. Minha garotinha, à sua maneira, estava me dizendo: "Sou importante, companheiro, e é melhor que saiba disso. Você não pode me comprar facilmente – e trate de manter sua palavra".

Eu mantive fielmente minha palavra e Emily, por sua vez, me perdoou por completo – com o tempo. Mas isso não aconteceu da noite para o dia, e foi preciso muito esforço de minha parte para recuperar sua confiança.

Meu palpite é que, em algum momento, você também irá estragar as coisas – e pode ser até algo mais importante do que um recital. Talvez traia a confiança de algum colega, ou fracasse em realizar um grande projeto, ou magoe um parceiro ou filho dizendo palavras terríveis que não pode mais desdizer.

Nesse caso, entenda o seguinte: dizer apenas "sinto muito" colocará um curativo na ferida, mas não irá curá-la. Isso porque seu erro não foi apenas uma mancada. Também foi uma sugestão de que a outra pessoa não é importante (criando um enorme déficit de receptores dos neurônios-espelho), e você é responsável por provar o contrário. Por isso não diga apenas que sente muito; se a situação justificar, ofereça um Poderoso Pedido de Desculpas.

Esse pedido consiste no que chamo de os "4 Rs". São eles:

Remorso: Demonstre à outra pessoa que você sabe que causou danos e que realmente sente muito. Por exemplo: "Sei que fiz você ficar mal diante do chefe ao deixar de trazer a documentação de que precisava para defender sua proposta de novos computadores. É minha culpa ele ter recusado seu pedido e todos terem que usar computadores antigos por mais um ano".

Ao fazer isso, permita que a outra pessoa desabafe e não fique na defensiva, mesmo que ela passe dos limites. Quando encoraja indivíduos que estão furiosos a colocarem sua raiva para fora, isso acelera o processo de solução do problema.

Restituição: Encontre uma maneira de corrigir o erro, pelo menos parcialmente. Por exemplo: "Sei que toda a equipe está chateada por não ter conseguido os computadores, e estão culpando você. Irei procurar cada um e explicar que a culpa é minha. Não posso desfazer o dano, mas pelo menos posso tirar a culpa das suas costas".

Reabilitação: Demonstre por meio de suas ações que aprendeu a lição. Se um erro ocorreu porque você não fez seu trabalho corretamente ou falou algo sem pensar, faça o que for preciso para evitar cometer o mesmo equívoco no futuro.

Requerer o perdão: Não faça isso imediatamente, pois ações falam mais do que palavras. Para ser verdadeiramente perdoado, sustente suas ações corretas até que elas se tornem parte de você. Nesse ponto – e não antes disso – vá até a pessoa que magoou e diga: "Você é capaz de me perdoar por tê-lo magoado?".

A maioria das pessoas irá aceitar um Poderoso Pedido de Desculpas de forma amável porque respeitará sua humildade e esforços para provar que é digno de confiança. Geralmente, mesmo aqueles que no início o dispensaram – "Nunca mais vou querer nada com você!" – estarão dispostos a perdoá-lo (mesmo que não se esqueçam completamente do que aconteceu). Essa é uma ótima maneira de curar as feridas que muitas vezes resultam de um divórcio amargo.

Se alguém não o perdoa mesmo depois de você ter feito todo o possível para consertar as coisas, não se considere imperdoável; em vez disso, perceba que talvez esteja lidando com alguém que não perdoa. Se esse é o caso, não enlouqueça com isso. Apenas deixe que se vá, e não crie ressentimentos que aumentarão sua bagagem emocional.

Por outro lado, se o seu Poderoso Pedido de Desculpas funcionar, faça bom uso de sua segunda chance – e reconheça que essa abordagem só funciona uma vez. Traia a confiança de alguém pela segunda ou terceira vez e não terá possibilidade de redenção. Entretanto, mantenha suas promessas e, com o tempo, a confiança que o outro depositou em você será restaurada – e possivelmente até fortalecida.

INFORMAÇÃO ÚTIL

Quanto mais e com mais sinceridade você disser "Obrigado", menos terá que compensar seu pessoal. Quanto mais e com mais sinceridade disser "Sinto muito", mais rápido seu pessoal voltará ao trabalho.

ETAPA DE AÇÃO

Primeiro, pense na pessoa que mais o ajudou no último mês; segundo, na pessoa que mais o ajudou durante o ano passado; e terceiro, na pessoa que mais o ajudou durante toda a sua vida.

Ofereça um Poderoso Obrigado a cada uma delas, pessoalmente, pelo correio ou por e-mail.

Agora, pense na pessoa que você feriu, entristeceu, e nunca fez as pazes – e ofereça a ela um Poderoso Pedido de Desculpas.

Nunca é tarde demais para dar um Poderoso Obrigado ou um Poderoso Pedido de Desculpas, se você realmente quiser fazer isso.

Parte IV

JUNTANDO TUDO: CORREÇÕES RÁPIDAS PARA SETE SITUAÇÕES DESAFIADORAS

As técnicas que agora você conhece são como movimentos de artes marciais: potentes por si só, mas ainda mais poderosas quando combinadas entre si. Nos capítulos a seguir mostrarei exemplos de como agir em algumas situações comuns, mas difíceis de lidar (e uma delas assustadora), usando uma mistura das habilidades que você aprendeu – e alguns truques a mais.

JUNTANDO TUDO:
CORREÇÕES RÁPIDAS
PARA SETE SITUAÇÕES
DESAFIADORAS

24. UMA EQUIPE INFERNAL

"O bom gerenciamento consiste em mostrar a pessoas comuns como fazer o trabalho de pessoas superdotadas."
– John D. Rockefeller, empresário e filantropo

Cenário: A boa notícia é que meu chefe acabou de me colocar no comando de meu primeiro grande projeto. A má notícia é que a equipe que estou gerenciando é – como dizer isso de forma educada? – um bando de perdedores. Um dos caras, o Jonas, é realmente inteligente, e acho que posso contar com ele para realizar o trabalho, mas tem um tipo chamado Dirk, que se aposentará daqui a dois anos e quer trabalhar o mínimo possível. Minha analista-chefe é Linda, que passa metade do tempo no bebedouro reclamando de todos. E Sherry, o quarto membro do time, está há mais tempo do que eu na empresa e provavelmente deseja o meu lugar, por isso estou esperando por alguns ressentimentos. E, como gerente novo e inexperiente, não faço ideia de por onde começar. Socorro!

Primeiro, perceba que você – e muitos outros gerentes nos dias de hoje – está lidando com "silos": pessoas que estão envolvidas demais com elas mesmas, pensando apenas em si, trabalhando menos e de forma menos cooperativa. Isso é especialmente claro se você estiver em um ramo em que fusões e demissões desenfreadas destruíram qualquer senso de lealdade corporativa ou interpessoal.

Enquanto os membros de sua equipe permanecerem em seus silos, seu trabalho será quase impossível. Isso porque essas pessoas não conseguem compartilhar informações, e os resultados são grandes erros e esforços desperdiçados. Elas irão se recusar a dividir sua experiência, tornando mais difícil o trabalho de todos. E quando as coisas ficarem mais complicadas, elas podem até adotar um comportamento de crítica ou sabotagem total.

Então, a primeira coisa que você precisa fazer é derrubar o muro entre esses silos. Para isso, construa algo que todos os silos têm em comum:

o céu acima (a visão que todos compartilham) e o chão abaixo (os valores que todos compartilham).

O passo 1 deste processo é realizar uma reunião com sua equipe. Seu objetivo é aumentar o sentimento de paixão, entusiasmo e orgulho dos membros da equipe pelo projeto, por isso use uma variação do Desafio PEO – Paixão, Entusiasmo e Orgulho, descrito no Capítulo 9. Comece assim:

> *Vocês são profissionais de destaque e altamente qualificados no que fazem, tenho sorte de tê-los em nossa equipe.*
>
> *Infelizmente, como quase todos os profissionais de hoje, acabamos nos isolando como silos, a fim de nos concentrarmos no que precisa ser feito. A boa notícia é que isso nos permite funcionar bem em nossas próprias áreas; a má notícia é que isso deixa as coisas mais difíceis para trabalharmos com união e cooperação.*
>
> *Para obtermos sucesso, precisamos trabalhar perfeitamente juntos, como um time de primeira divisão na final de um campeonato ou uma equipe que vai representar o país nas Olimpíadas.*
>
> *O que leva esses atletas a trabalharem juntos, e vencer, é que eles diminuem a competitividade entre si, ou seja, com os membros da própria equipe.*
>
> *Nesse momento, nossa empresa e eu precisamos que vocês trabalhem juntos como um desses atletas vencedores. Então, nós iremos construir usando como base o que os silos têm em comum, além de grandes muros entre si.*
>
> *Essas duas coisas são o céu acima – que é uma visão compartilhada por todos e que abraçamos com entusiasmo – e o chão abaixo – que são os valores que temos em comum na vida e que todos queremos honrar. Todo time campeão tem a mesma visão de atuar de forma impecável e vencer.*
>
> *Por isso, vamos reservar um tempo para esclarecer quais são as formas de atuar para todos nós...*

Na discussão que se segue, concentre-se nos principais elementos do Desafio PEO. Deixe que as pessoas falem a respeito das ideias pelas quais são apaixonadas e como esse projeto faz parte da sua realização. Permita que relatem sobre seu entusiasmo quando a equipe está produtiva e animada, e do orgulho que sentem (ou não) da empresa. Faça comentários sobre as mudanças que elas desejam para se sentirem mais apaixonadas, encantadas e orgulhosas com o que estão fazendo. Assim, você vai observar a apatia e a hostilidade inicial de sua equipe se transformar aos poucos em empolgação e energia.

É claro que esse é apenas o primeiro passo – porque depois que esse time entusiasmado e acelerado deixar a sala, ainda serão Jonas, Dirk, Linda e Sherry, e ainda terão problemas com você e entre si. Ignore esses problemas e logo suas palavras inspiradoras se desvanecerão e todos se esconderão em seus silos outra vez.

Para evitar isso, descubra o que precisa ser feito para impactar cada membro da equipe e fazer com que ele pense: "Eu me importo com esse projeto e quero fazer o meu melhor". Veja algumas sugestões:

1. Mantenha Jonas satisfeito

Jonas é motivado, por isso não o controle ou vigie demais. Em vez disso, fique fora do caminho dele – e reconheça seu valor usando o Poderoso Obrigado em momentos estratégicos. Por exemplo, em uma reunião importante em que seus superiores estejam presentes, diga: "Ótimas notícias – na verdade, nosso trabalho está adiantado em relação ao prazo. No mês passado, as coisas pareciam bastante difíceis, mas Jonas fez horas extras e realizou alguns grandes milagres para resolver o problema de fornecimento. Graças a ele, estamos ultrapassando nossos objetivos".

Além disso, lembre-se de que a melhor coisa que pode fazer para trabalhadores talentosos e motivados como Jonas é remover obstáculos, o que inclui pessoas tóxicas. Então, pelo amor de Deus, não o junte a Linda.

2. Faça com que Dirk sinta-se necessário

Se Dirk é como a maioria dos trabalhadores que estão se aproximando da aposentadoria, ele ainda é capaz de ficar bastante animado. Você só precisa despertar a chama.

Para isso, faça com que ele saiba que é valioso – porque muitos funcionários mais velhos se sentem subestimados ou deixados de lado, especialmente se estão trabalhando para um gerente jovem. Diga coisas como: "Você tem mais experiência com esse software... Tudo bem se os membros mais novos da equipe recorrerem a você para tirar dúvidas?".

Além disso, deixe que Dirk saiba que você o considera interessante e inteligente, fazendo perguntas transformadoras como: "Com a sua experiência, o que você acha mais importante que nosso departamento faça no futuro para acrescentar valor à empresa?".

Se Dirk mantiver sua baixa performance, leve-o para um almoço e use a abordagem Preencha os Espaços em Branco com ele ("Acho que você às vezes sente que seu trabalho é frustrante porque _____"). É provável que vocês descubram o problema e possam resolvê-lo juntos.

3. Faça Linda se sentir importante

Lembra-se do que eu disse antes sobre fazer pessoas irritantes se sentirem valiosas? Esse é seu bilhete de acesso a Linda. Além das tarefas regulares, atribua a ela algo que tenha especificado como *muito* importante. No entanto, garanta que isso não interfira com o resto da equipe. Na verdade, se for possível, dê a Linda uma atribuição que beneficie o time inteiro para que ela se dedique ainda mais a ser bem-sucedida.

Por exemplo, diga: "Linda, com nossa agenda apertada, preciso garantir que todos tenham exatamente o que for preciso para trabalhar com rapidez. Você é tão organizada que gostaria que essa responsabilidade fosse sua. Então, toda sexta, quero que verifique rapidamente por e-mail cada membro da equipe e depois reúna-se comigo por dez minutos às 15:00 e me informe se alguém está precisando de equipamento ou suporte. Isso é realmente importante, portanto, todos vocês certifiquem-se de enviar e-mails com a lista de suas necessidades para Linda, às sextas".

Quando Linda chegar até você com as informações (por exemplo, "Jonas disse que precisa de alguém para testar as placas de circuito"), diga algo como: "Tudo bem, vou cuidar disso imediatamente – e obrigado. Sei que você precisa dedicar um tempo a mais, fora de seu próprio trabalho, para verificar cada membro da equipe toda semana – então, se quiser, posso pedir às pessoas que estão atribuindo responsabilidades a você para liberarem uma parte de seu tempo. Realmente precisamos que você mantenha as coisas em ordem". Novamente, isso a incentiva a aderir ao sucesso de toda a equipe.

Se Linda não se modificar e continuar a criticar e reclamar, pense na possibilidade de usar a pergunta: "Você realmente acredita nisso?" para interromper suas queixas. ("Ouvi dizer que você tem comentado que os membros de sua equipe são idiotas e que nunca alcançaremos nossas metas. Você realmente acredita nisso?"). Ou experimente o Choque de Empatia – por exemplo, perguntando a ela: "Como você acha que Dirk se sente quando o critica por ser lento?".

4. Revele o pensamento secreto de Sherry

Seu chefe provavelmente tinha um bom motivo para confiar esse projeto a você e não a Sherry, então não fique inseguro. No entanto, uma vez que vocês dois sabem que ela está há mais tempo na empresa e que provavelmente esperava receber essa tarefa, uma estipulação pode ajudar a deixar as coisas claras.

Por exemplo, diga: "Sherry, sou especialmente grato a você pelo trabalho árduo que está realizando neste projeto. Sei que sou mais novo e menos experiente que você e que algumas pessoas nessa posição ficariam ressentidas em me aceitar como seu gerente, mas você tem sido realmente prestativa. Aprendi muito observando você, e acho que isso me tornará um profissional melhor". (Uma estipulação e um Poderoso Obrigado ao mesmo tempo – ponto extra!).

Ao reconhecer o pensamento secreto de Sherry – *"Por que esse novato está fazendo um trabalho que é meu?"* – e desarmá-lo com sua gentileza e humildade, ficará muito mais disposta a abandonar seu silo e se juntar à equipe.

Ah, e um último conselho: pare de se preocupar por ser jovem e inexperiente e reconheça que conseguiu esse trabalho porque tem valor. Projete confiança e irá inspirar confiança. Projete insegurança e todos a sentirão. (Ou, como o diplomata e candidato à presidência, Adlai Stevenson, disse certa vez: "É duro liderar um ataque de cavalaria se você acha que fica ridículo montando um cavalo"). Portanto, reconheça que é o melhor gerente que sua empresa já teve – e então prove isso.

INFORMAÇÃO ÚTIL
Reúna a melhor equipe possível, e então torne-se a pessoa que eles – e você mesmo – querem que os lidere.

ETAPA DE AÇÃO
Se atualmente você é o gerente de uma equipe, faça uma lista com os nomes dos membros em um pedaço de papel. Percorra a lista e identifique dois tipos de "silos". Os "silos de grãos" que silenciosamente passam suas oito horas distantes e sozinhos, e os "silos de mísseis", que se sentam entrincheirados atrás de seus muros, prontos para abater qualquer infrator que avistarem.

Aproxime-se desses indivíduos um a um e observe quantos estão dispostos a baixar seus muros quando você os aborda com empatia, humildade e vontade sincera de compreendê-los.

25. SUBINDO AS ESCADAS

"O segredo de seguir em frente é começar."
— Agatha Christie, autora de romances policiais

Cenário: *Eu trabalho como gerente de nível médio em uma corporação multinacional. Acho que posso alcançar bastante sucesso na empresa, mas não sei como fazer as pessoas me notarem. Estou prestes a ser transferido para um departamento diferente – há alguma maneira de impressionar meu chefe?*

Comece no primeiro dia usando a questão que mencionei no Capítulo 19: "Quais são as três coisas que eu *sempre* deveria fazer e as três que eu *nunca* deveria fazer para me sair bem neste trabalho?" Imediatamente, você se destacará dos demais.

Em seguida, observe que seu sucesso depende de fazer com que as pessoas abaixo de você desempenhem bem o trabalho delas – e isso irá acontecer apenas se houver uma boa comunicação entre as duas partes. Como essas pessoas são desconhecidas para você, use a técnica Lado a Lado (veja no Capítulo 20) livremente em seus primeiros meses. Essa é a maneira mais rápida de descobrir o que seus subordinados estão fazendo, se estão indo bem e onde estão os problemas em potencial. Ao detectar problemas, desarme-os rapidamente usando as ferramentas apropriadas apresentadas na Parte III.

Uma coisa que seu chefe vai querer saber é: "Essa pessoa consegue lidar com a pressão de um cargo de gerência?" Você parecerá um líder se passar por crises sem desmoronar, por isso pratique religiosamente o Treino de Velocidade do "Oh, p#@% para o OK", do Capítulo 3. Se permanecer controlado enquanto todo mundo desmorona, você ganhará o respeito e a confiança de seus superiores.

Nas avaliações anuais, deixe claro que investiu não apenas em seu sucesso pessoal, mas também no da empresa e de seu chefe. Por exemplo, se ele perguntar se você tem perguntas, diga algo como o seguinte: "Gostaria que imaginasse que estamos nos reunindo para minha próxima avaliação, e você me diz, 'Você superou nossas expectativas em relação aos seus resultados, sua atitude e até mesmo com algumas soluções inovadoras que realmente ajudaram nossa empresa e a mim'. O que posso fazer para que essa hipótese se torne real?".

Quando surgirem as oportunidades, faça perguntas transformacionais que aprofundem seu relacionamento com seu chefe. Por exemplo: "Como você vê a empresa mudando em razão dos avanços tecnológicos?" ou "O que você considera como nossos mais importantes objetivos e obstáculos?". Perguntas como essas comunicam a seu chefe que você o vê como mais do que apenas alguém com um salário maior do que o seu.

Além disso, procure ocasiões para fazer com que seu chefe "se sinta visto". Quanto mais altos os cargos ocupados pelos gerentes, mais estressados e menos "vistos" eles se sentem. Isso porque, ao contrário dos colegas de trabalho do mesmo patamar (que não hesitam em dizer um ao outro, "Você parece cansado" ou "Você está bem?"), gerentes e subordinados tendem a manter apenas conversas profissionais (e pode ser muito solitário no topo da pirâmide organizacional). Não seja excessivamente íntimo, mas, de vez em quando, não hesite em dizer coisas como: "Seis reuniões em dois dias – como você aguenta?" ou, se ele parecer cansado ou triste, pergunte: "Você está se sentindo bem hoje?". Essa pequena demonstração de empatia pode criar um poderoso movimento de gratidão.

Se você está realmente interessado em progredir, eis outra dica: enxergue além de seu chefe. Existem outras pessoas, dentro ou fora da empresa, que poderiam ajudá-lo a subir os degraus da escada corporativa? Se a resposta é sim, siga meu conselho: bajule-os. Não quero dizer de uma maneira ruim, mas de um jeito bom. Pessoas como essas são inteligentes, podem oferecer orientação e abrir portas para você, e muitas delas gostam de servir como mentores.

Logo no início de sua carreira, descubra quem são as pessoas mais poderosas, respeitadas, bem-sucedidas e emocionalmente reservadas na indústria ou ramo pelo qual você é mais apaixonado (veja algumas boas ideias para conhecer pessoas influentes no Capítulo 30). Encontre uma maneira de desenvolver um relacionamento, dizendo a eles: "Quero aprender tudo o que você sabe. Qual é a melhor maneira de fazer isso?". Então, faça o que pedirem ou disserem, aprenda tudo o que puder, e aprenda também como ser confiável e indispensável para eles. É bom ter amigos em cargos importantes.

> **INFORMAÇÃO ÚTIL**
> Visualize-se no trabalho que deseja; então planeje ativamente até conseguir chegar lá.
>
> **ETAPA DE AÇÃO**
> Faça uma lista de dez pessoas que você mais admira na sua empresa. Usando as técnicas que aprendeu (e as informações do Capítulo 30), veja se consegue pensar em maneiras de se tornar mais próximo de uma delas e tê-la como mentora.

26. NEGOCIAR COM UM NARCISISTA

"O cliente às vezes está errado."
— Herb Kelleher, ex-presidente da Southwest Airlines

Cenário: Eu trabalho para uma empresa de design e desenvolvimento de produtos. Um de nossos clientes nos pediu para desenvolver embalagens para uma linha de produtos para cuidados pessoais, mas o projeto está se tornando um pesadelo. Uma semana, o cliente precisa que os frascos para shampoo sejam projetados primeiro. Na semana seguinte, ele diz: "Preciso que os frascos para óleo de banho sejam projetados imediatamente", então, nós largamos os shampoos (não literalmente!) e começamos com os de óleo – só para ouvir na semana seguinte: "É urgente começar as embalagens de sabonete". Mas ele ainda quer que as de shampoo e as de óleo de banho sejam feitas instantaneamente também! Não somos capazes de terminar um único item do projeto, porque a cada semana o cliente muda sua solicitação. E nossa chefe não ajuda em nada, pois ela apenas repete a antiga frase: "O cliente tem sempre razão". Na minha opinião o cliente está errado, e estamos consumindo todo nosso lucro porque o trabalho está menos eficiente e demorando demais. Existe uma forma de lidar com isso?

Seu cliente é aquele bicho bem comum, o Narcisista Clássico. Ele não se importa se está tornando sua vida um inferno, reduzindo sua margem de lucro, ou colocando-o em dificuldade com o chefe. Ele quer o que quer – e quer agora, já.

Narcisistas são muito comuns no mundo dos negócios (muitos líderes e CEOs visionários de empresas iniciantes se enquadram nessa categoria) e você também encontrará pessoas comuns que apresentam comportamento narcisista porque pensam que é uma boa maneira de avançar no mundo corporativo. Por isso prepare-se para conhecer sua quota de verdadeiros narcisistas e pseudonarcisistas e esteja pronto para lidar com eles. (Não tem certeza se está diante de um narcisista? Veja um teste rápido no Capítulo 11.)

Em sua situação atual, você obviamente não pode esperar que sua chefe ofereça uma solução. Na verdade, a julgar pela falta de preocupação com as suas necessidades, ela provavelmente é um pouco narcisista (ou fraca demais para enfrentar um cliente). Então, a questão está em suas mãos. Como expliquei no Capítulo 11, não se pode mudar um narcisista – mas, às vezes, é possível domar um. Se você estiver lidando diretamente com o cliente, veja o que deve fazer:

Na próxima vez que encontrar seu cliente, espere que ele faça outra exigência com seu estilo de interrupção, "Agora, parem todos o que estão fazendo e me ouçam!". Silenciosamente, permita que ele coloque sua nova solicitação sobre a mesa. Nesse ponto, diga de forma calma e positiva: "Desculpe-me, mas antes de continuarmos, o senhor sabe que, se fizermos o que está pedindo e pararmos o que estamos fazendo agora, não seremos capazes de terminar o trabalho que era extremamente importante na semana passada. Por isso, eu preciso que esclareça em qual das tarefas o senhor quer que trabalhemos agora: a que pensou que era prioridade na semana passada, ou a que acredita que seja prioridade esta semana?".

Essa abordagem irá dar um basta em seu narcisista, porque não se trata mais de você contra ele e sim o antigo eu *versus* o eu atual dele. Quando não pode criar uma situação ganhar-perder em que você perde e ele ganha, o cliente vai precisar criar uma demanda viável.

Entretanto, tenha o cuidado de usar essa abordagem apenas com clientes difíceis, exigentes e narcisistas. Na maioria dos casos, quando surgem problemas, eles não acontecem porque alguém é irracional ou narcisista, mas por algum mal-entendido entre você e ele. Quando isso ocorre, a melhor abordagem é aprofundar-se usando a técnica do "Hummm" descrita no Capítulo 17. Por exemplo, se um cliente olha para seu design brilhante e diz: "Nós odiamos – está horrível!". Em vez de retrucar, diga: "Hummm..." ou "Fale-me mais". Isso irá acalmar seu cliente, permitindo que você supere o "Está horrível!" e identifique os problemas específicos que estão muito longe de serem catastróficos. Você também pode usar a técnica Preencha os Espaços em Branco, dizendo: "Você está insatisfeito com este design porque imaginou que ele seria mais _____". Ao fazer com que seu cliente se sinta mais visto e compreendido, essas abordagens podem levar a uma solução rápida.

Entretanto, no seu caso, as falhas de sua chefe fazem com que você tenha que lidar com mais do que sua quota de clientes difíceis. Uma forma de diminuir os problemas com esse tipo de cliente é usar a Estratégia da Estipulação, para que eles saibam antecipadamente que existem limites realistas para o que pode ser feito. Por exemplo, comece o relacionamento com um cliente exigente como o Sr. Frasco de Shampoo dizendo algo assim: "Quero que o senhor compreenda que trabalhamos melhor se nos der ideias específicas e tempo para desenvolvê-las completamente. Somos flexíveis, mas nossa empresa é pequena e só podemos fazer nosso melhor se tivermos uma ideia clara do que o senhor precisa". Então, reúna as ideias e prioridades do cliente por escrito, e assim terá uma sequência no papel para ajudá-lo.

E, o mais importante, veja se consegue fazer com que sua chefe compreenda este fato simples: quanto mais exigências irracionais de um cliente narcisista você tentar satisfazer, menos tempo terá para cuidar dos clientes que o tratam de maneira justa. Mantenha os narcisistas sob controle e deixe os bons clientes mais felizes. Isso sim faz sentido – porque os caras legais são os que você realmente *quer* manter.

> **INFORMAÇÃO ÚTIL**
> Bons clientes fazem você alçar voo. Os maus apenas tentam, repetidamente, cortar suas asas.
>
> **ETAPA DE AÇÃO**
> Analise sua agenda de trabalho para determinar quantas horas extras por mês você gastou atendendo clientes difíceis. Agora, determine quanto serviço extra poderia fazer para bons clientes se

controlasse os problemáticos. Isso lhe dará a coragem que precisa para enfrentar os narcisistas.

A melhor abordagem é tentar se cercar do maior número possível de clientes decentes, agradecidos e de baixa manutenção. Isso fará você se aborrecer cada vez mais com os narcisistas em sua vida – e lhe dará coragem de cortar o mal pela raiz.

27. UM ESTRANHO NA CIDADE

"Os networkers mais bem-sucedidos que conheço, aqueles que recebem incontáveis indicações e se sentem verdadeiramente felizes consigo mesmos, sempre colocam as necessidades dos outros antes das suas."
— Bob Burg, autor de *The Success Formula*
[A fórmula do sucesso]

Cenário: Eu dirijo uma gráfica e somos novos na cidade, por isso preciso movimentar os negócios. Associei-me à Câmara de Comércio e até participo em alguns de seus comitês, mas isso não está atraindo muitos clientes novos. Existe uma maneira melhor de fazer networking?

Suponho que você tenha aberto uma gráfica porque é bom nesse tipo de trabalho – e não em distribuir cartões de visita ou fazer "telemarketing". De fato, seus esforços em fazer sua própria propaganda parecem um tanto imprevisíveis no momento, com mais erros do que acertos.

Entretanto, surpreendentemente, isso não é tão complicado. O Dr. Ivan Misner, fundador do BNI, a organização de referência mais bem-sucedida do mundo, estudou networking por mais de 20 anos e afirma que networkers eficazes aplicam consciente ou intuitivamente o que ele chama de VCP Process®. Veja como isso funciona:

- **Visibilidade**, diz Misner, é a primeira fase do desenvolvimento de um relacionamento. É o momento em que você e o outro indivíduo se tornam conscientes um do outro, talvez por seus esforços em publicidade e relações públicas ou por meio de alguém que ambos conhecem. Vocês podem se conhecer pessoalmente e até se chamarem pelo primeiro nome, mas sabem muito pouco um do outro.

- **Credibilidade** é a qualidade de ser leal e digno de confiança. Depois que você e seu novo conhecido começarem a ter expectativas um em relação ao outro e elas passarem a se cumprir, o relacionamento entre vocês pode entrar no estágio da credibilidade. E se cada um estiver se sentindo seguro e satisfeito, ela continuará a se fortalecer. A credibilidade aumenta quando compromissos são mantidos, promessas cumpridas, fatos verificados e serviços prestados.

- **Rentabilidade** é o estágio em que o relacionamento se torna mutuamente lucrativo. Os dois parceiros estão satisfeitos com ele? A parceria continua oferecendo benefícios para ambos? Se não for lucrativa para os dois, ela provavelmente não vai durar.

Agora, veja como usar suas novas capacidades para ter sucesso nos três estágios do processo VCP de Misner.

O estágio da visibilidade

Nesse ponto, não diga simplesmente quem você é para a pessoa – diga a ela por que irá gostar de você e querer ser sua amiga ou cliente.

Nas reuniões da Câmara de Comércio, por exemplo, lembre-se da regra mais importante de todas: seja mais interessado do que interessante. Fale sobre o negócio de outras pessoas mais do que sobre o seu. Faça perguntas inteligentes a respeito do que as pessoas fazem, como fazem, e que estratégias de marketing funcionam para elas. Nunca, jamais, corte o assunto delas; em vez disso, faça perguntas que as motivem a falar mais.

Em seguida, faça com que as outras pessoas se sintam vistas. Se elas mencionarem problemas ("a cidade está matando nosso negócio com esse projeto de recuperação das ruas"), mostre que se importa – mesmo que eles não o afetem em nada. Faça o possível para compreender suas adversidades e ajudar a resolvê-las, e irá impressioná-las com sua generosidade.

Você também pode iniciar novos relacionamentos fazendo perguntas transformacionais que mostrem às pessoas que você valoriza a inteligência delas. Por exemplo, pergunte a outro empresário: "Que efeito você acha que o projeto de remodelação terá em seus negócios daqui a cinco anos?" ou "Como você acha que estará a economia desta cidade na próxima década?".

Por último, mas não menos importante, use o Poderoso Obrigado para criar boa vontade. Se outro empresário tiver uma grande ideia que contribua com o sucesso de seu negócio ou da organização de seu networking, exponha isso publicamente em uma reunião ("Chaz nos ajudou a economizar, emprestando as mesas para o festival de arte – uma atitude extremamente generosa que ajudou a manter o evento dentro do orçamento – além disso, ele passou horas com sua equipe arrumando as mesas até as 5 da manhã"). Sua gratidão irá criar empatia dos neurônios-espelho no outro, fazendo com que ele queira retribuir – possivelmente usando os serviços de sua empresa ou encaminhando outras pessoas para ela.

O estágio da credibilidade

Neste estágio, é absolutamente crucial evitar criar dissonância em seu novo relacionamento. Vocês ainda estão se conhecendo e cada dado que a outra pessoa descobre a seu respeito assume uma grande importância. Por isso, apresente-se de forma honesta e direta, não faça suposições falsas sobre o que ela quer ou precisa, nem prometa o que não pode cumprir.

Além disso, faça com que ela se sinta valiosa. Esforce-se ao máximo para realizar coisas que possam ajudá-la e reconheça qualquer auxílio que receber (usando o Poderoso Obrigado quando for apropriado). Se puder, seja o primeiro do relacionamento a oferecer uma indicação... e se ela o indicar para alguém, faça de tudo para satisfazer esse cliente.

Em suma, não se concentre no que esse relacionamento pode significar para você, mas sim no que ele significará para seu novo amigo. E trabalhe duro para não arruinar as coisas – mas se isso acontecer, use o Poderoso Pedido de Desculpas para corrigir seu erro.

O estágio da rentabilidade

Ao atingir esse ponto, mantenha o foco em tornar seu novo contato interessante, valioso e compreendido. No entanto, considere também o conselho que ofereci no Capítulo 10, sobre se afastar de pessoas tóxicas.

Normalmente, seus novos contatos se enquadram em três categorias – doadores, aproveitadores e "retribuidores" – e você vai querer eliminar os aproveitadores logo de cara. Por isso, revise sua lista de novos contatos e concentre seus esforços nos que gostam de dar ou retribuir enquanto facilita a saída dos que preferem se aproveitar das situações. Seja generoso com seus novos contatos e não fique analisando pontos positivos ou negativos, mas dê prioridade ao relacionamento com aqueles que estão dispostos a retribuir.

Acima de tudo, relaxe e deixe sua network crescer ao longo de meses ou anos. Relacionamentos, especialmente aqueles que levam à rentabilidade mútua, precisam de tempo para se estabelecer, por isso tente não ser impaciente. (Na verdade, quanto mais você tenta acelerar o processo, mais afasta as pessoas.) Saiba também que está tudo bem se algum relacionamento não perdurar. Às vezes é preciso beijar muitos sapos até encontrar um príncipe – ou uma porção deles.

INFORMAÇÃO ÚTIL
Concentre-se em "O que há nesse relacionamento para o outro?" e os "retribuidores" mais cedo ou mais tarde irão perguntar: "O que posso fazer por você?". Concentre-se em "O que há nesse relacionamento para mim?" e eles se perguntarão: "O que eu faço para me livrar dessa pessoa?".

ETAPA DE AÇÃO
Se você tem medo de fazer uma rede de contatos, pense no que ganhará com ela. Que visão seria atraente o bastante para que valesse a pena sair da sua zona de conforto? Talvez seja seu objetivo de ter um negócio de sucesso, seu plano de conseguir uma promoção, ou talvez seu desejo de sentir orgulho de si mesmo por vencer seus medos e conseguir se expor. Mantenha essa visão sempre diante de você e ela se traduzirá em comprometimento e ação.

28. A EXPLOSÃO HUMANA

"Todas as pequenas coisas contam em uma crise."
— Jawaharlal Nehru, primeiro-ministro da Índia,
após a Independência

Cenário: *Trabalho em um negócio financeiro de muita pressão em que milhões de dólares estão em jogo todos os dias. Para piorar o clima tenso de nosso escritório, a gerência está transferindo muitos cargos para o exterior. As pessoas estão realmente estressadas e com medo de perderem seus empregos, e aparentemente isso está prestes a acontecer para muitas delas. Francamente, acredito que há possibilidade de ocorrer um daqueles cenários de "funcionário insatisfeito que enlouquece", e não sei como lidar com isso.*

Você não está sozinho. Nos dias de hoje qualquer um de nós – gerente, CEO, médico, professor, advogado – pode ser o alvo para uma pessoa que atingiu seu limite e perdeu totalmente o controle. Assustador? Pode apostar. (Basta perguntar a qualquer psiquiatra, pois lidamos com muitas pessoas de "pavio curto".) Não vou mentir para você: nem sempre é possível lidar com uma pessoa extremamente aborrecida ou violenta. Muitas vezes, a única opção é correr ou se esconder. Mas se ela não for uma ameaça imediata, ou se não há como escapar, as palavras certas podem dar a você o poder de controlar a situação – ou mesmo de salvar uma vida.

A chave para saber quando alguém chegou ao limite é notar que ele está preso ao modo de ataque, por isso uma *conversa racional, razoável ou inteligente não vai funcionar*. Alguém que está atirando um computador no chefe ou empunhando uma arma não é capaz de ouvir a razão, porque não pode acessar os processos de pensamento superior que dizem: "Ei, acalme-se – isso é loucura".

No caso de você ter pulado o Capítulo 2, eis o motivo: em momentos de crise, o cérebro decide se deve colocar no comando a parte lógica superior ou a inferior primitiva. Se optar pela segunda, ele bloqueia a parte inteligente.

Sua tarefa, se estiver encarando um indivíduo que está enlouquecido, é romper esse bloqueio. Como? Movendo-o gradualmente de "Quero ferir alguém" para "Estou terrivelmente chateado" e, em seguida, para "Preciso encontrar uma maneira inteligente de lidar com isso". Esses estágios estão ligados aos três níveis do cérebro: o reptiliano inferior primitivo, o mamífero emocional e o humano lógico.

Para fazer uma pessoa descontrolada agir de maneira lúcida, você precisa movê-la gradualmente pelos três níveis *em sequência*. (Pense nisso como uma "evolução rápida".) Veja a seguir como proceder.

Estágio 1

Nesse ponto, seu objetivo é mover o indivíduo do cérebro reptiliano primitivo para o emocional mamífero. Para isso, siga os seguintes passos:

1. **Diga: "Conte-me o que aconteceu".** Desabafar vai ajudá-lo a se mover de um ataque cego (a reação mais primitiva) para ficar emotivo (uma reação superior). Os gritos dele irão aborrecer você, mas são muito menos perigosos do que a ameaça de violência física – por isso, deixe que ocorram.

2. **Diga: "Preciso ter certeza de que ouvi exatamente o que você disse, para não cometer nenhum engano. Se ouvi direito, o que você disse foi...".** Então, repita exatamente o que ele disse, com calma, sem qualquer tom de raiva ou sarcasmo em sua voz, e pergunte: "Está certo?". Ao fazer isso, você o espelha – aquela poderosa técnica de conexão sobre a qual falei no Capítulo 2. Você também faz com que ele se mova de desabafar para ouvir, o que reduz a velocidade do cérebro, permitindo que possa pensar de forma mais inteligente.

3. **Espere até que ele diga "Sim".** O simples ato de dizer "Sim" faz com que o indivíduo se mova na direção do acordo, em vez de hostilidade. O "Sim" também indica uma vontade de afastar-se da ação. Se de

alguma maneira ele corrigir o que você disse, repita com a informação que receber dele.

4. **Agora diga: "E isso o faz se sentir zangado, frustrado, decepcionado, chateado ou o que exatamente...".** Escolha a palavra que achar que descreve melhor o sentimento dele. Se ele o corrigir, peça que diga qual é o sentimento real e repita-o para obter outro "Sim". Lembre-se de que *quando alguém conecta uma palavra a um sentimento a agitação diminui*. Isso é fundamental.

Estágio 2

Nesse ponto, você está lidando com alguém que não está mais atacando selvagemente, mas ainda está desabafando – ou seja, ainda é um problema. Por isso, seu próximo objetivo é movê-lo do cérebro emocional médio (mamífero) para o cérebro racional superior (humano):

1. **Diga a ele: "E o motivo pelo qual é tão importante consertar ou melhorar isso agora é _____".** O uso da técnica de preencher espaços em branco exige que o indivíduo pense em uma resposta, o que abre a porta para as partes racionais (humanas) do cérebro. Uma dica importante: ao fazer essa afirmação, enfatize a palavra *agora* para mostrar que você entende a urgência da necessidade dele.

2. **Ilumine o caminho.** Se ele completar a frase, dizendo: "Porque se as coisas não mudarem, eu vou explodir, me machucar, socar alguém...", continue com: "Certo, por favor, fale mais para garantir que eu realmente compreenda tudo". (Diga isso sem questionamento ou sarcasmo, mas de uma maneira que enfatize que você está mesmo ouvindo.)

    A seguir, fale: "Se for o caso, vamos descobrir como superar isso para que você não faça algo que vá piorar uma situação que já está ruim. Sei que podemos, porque você já esteve assim antes e conseguiu superar. De fato, enquanto pensamos nisso, vamos encontrar uma solução para que você nunca precise passar por isso outra vez".

Com isso você mostra que está ouvindo o que ele diz, que está levando o problema a sério, que reconhece o quanto ele se sente mal, e que está se comprometendo a ajudar a resolver a crise atual e evitar problemas semelhantes no futuro. Tudo isso faz com que o indivíduo se sinta menos sozinho – o que eu chamo de experiência "O Senhor é meu pastor".

Nesse ponto, ele irá olhar para você como um guia para a salvação, e a crise pode se mover para uma solução – de preferência com a ajuda de profissionais treinados para lidar com situações desse tipo. O problema está longe de ser resolvido, mas todos podem *começar* a trabalhar nele, agora que o pior já passou.

POR QUE AS PESSOAS PERDEM O CONTROLE?

Quase todas as situações de violência sobre as quais ouvimos na mídia são desencadeadas pela raiva, e mais especificamente pela raiva impotente. Ela acontece quando alguém se sente rejeitado e humilhado pelos outros e se acha incapaz de fazer algo a respeito disso. Tendo poucas habilidades internas eficazes para enfrentar a situação, o indivíduo explode e ataca o mundo.

Às vezes, eu e você também nos sentimos irados e impotentes. No entanto, ao contrário de nós, pessoas violentas não conseguem lidar com essas emoções. Os cientistas relatam que química e estruturalmente, muitas delas estão "conectadas" à raiva impulsiva e ao autocontrole deficiente. Os sociólogos afirmam que muitas foram vítimas de abusos na infância. E os psicólogos e psiquiatras falam da falta de *permanência de objeto* em indivíduos violentos.

No que se refere a outro ser, a permanência de objeto tem a ver com a capacidade de manter um apego positivo a outra pessoa mesmo estando decepcionado, magoado ou zangado com ela. Pessoas violentas têm uma tolerância extremamente baixa para frustrações e perdem por completo a conexão emocional e psicológica com quem as aborrece. Quando esse elo se rompe, elas se tornam objetos a serem destruídos, por exemplo, atirar uma raquete de tênis no chão após uma jogada ruim.

Lembre-se disso se estiver lidando com alguém violento, porque pode lhe ajudar a evitar o erro potencialmente mortal de apelar para a compaixão dele ("Sei que você não quer me ferir"). Em vez disso, concentre todos os seus esforços em chamar a atenção dele para o interesse que tem em si mesmo.

INFORMAÇÃO ÚTIL
Se alguém não pode ou não quer ouvi-lo, faça com que ele ouça a si mesmo.

ETAPA DE AÇÃO
Se conhece alguém que está prestes a explodir e isso pode acontecer a qualquer minuto, prepare-se para uma possível crise, praticando os passos descritos neste capítulo até que eles se tornem naturais para você. Se possível, pratique-os com alguém que possa representar o papel da pessoa que está fora de controle. Isso irá ajudá-lo a se preparar mentalmente para enfrentar um indivíduo zangado ou emotivo de frente, o que pode ser bastante alarmante e desencadear seus próprios instintos primitivos se você não estiver preparado. Além disso, pratique o treino de velocidade de "Oh, p#@% para o OK", descrito no Capítulo 3.

29. COMPREENDENDO A SI MESMO

"Não encontre defeitos. Encontre soluções."
— Henry Ford, empresário e inventor

Cenário: Todo Ano-Novo eu faço uma lista de resoluções que sei que não vou cumprir. Prometo a mim mesma que irei me exercitar todos os dias. Prometo que vou parar de agir como uma megera quando meus filhos se comportarem mal. E ainda mantenho a promessa de voltar a estudar para obter meu MBA. Sinto-me enojada quando olho meu corpo fora de forma no espelho, culpada quando penso que não estou cumprindo os objetivos que tenho para minha carreira ou minhas expectativas como mãe, e frustrada pelo amontoado crescente de promessas que deixei de cumprir – mas o trabalho e a vida continuam me atrapalhando, e tornando muito difícil seguir com meus planos e objetivos. Você tem alguma sugestão?

Claro. Para começar, use o Choque de Empatia – com você mesma. Para entender o porquê, imagine-se dizendo algo assim para sua melhor amiga: "Você sabe, eu realmente amo você... mas seu corpo com certeza não é perfeito. Olhe para esses braços flácidos! Quando foi a última vez que você se exercitou? E, francamente, a maneira como você repreendeu seu filho por ter se esquecido de lavar a louça no outro dia – caramba, você foi uma bruxa! E, mais uma coisa, por que ainda há um espaço vazio na parede onde devia estar pendurado seu diploma de MBA? Que completo fracasso você é, em tudo!".

Você diria alguma dessas coisas para alguém que ama? Claro que não. Entretanto, quando se trata de falar consigo mesma, não há limites para o quanto pode ser cruel. Basta observar a autocrítica presente em seus comentários, ao dizer que sente nojo de si mesma, que é uma megera e que tem certeza de que irá falhar. Continue falando consigo mesma dessa maneira e adivinhe só: você provavelmente *vai* falhar.

Em vez disso, quer ser bem-sucedida? Então, experimente algo diferente. Na próxima vez que tiver um momento de quietude, pergunte a si mesma: "O que me impede de realizar meus objetivos, e o quanto isso me deixa frustrada?" (Se falar consigo mesma dessa maneira for muito difícil, imagine alguém que se importa com você fazendo essa pergunta.)

Depois, ouça sua resposta. Provavelmente, será algo desse tipo:

- "Quero voltar a estudar, mas isso significaria ficar algum tempo longe das crianças – por isso faço o que parece certo para minha família, mas às vezes sinto como se estivesse traindo a mim mesma".
- "Tento lidar com os problemas de meus filhos de forma madura, mas às vezes perco a cabeça porque, depois de um dia estressante, preciso desesperadamente de algum conforto e só o que recebo são atitudes egoístas. E me magoa ver que trabalho tão duro para cuidar deles e tudo o que ouço são reclamações".
- "É realmente difícil ter motivação para me exercitar às 8 da noite, com a pia cheia de louça para lavar e minha filha precisando de ajuda com sua tarefa de matemática".
- "Tudo isso me frustra porque, não importa o que eu realize, me sinto culpada pelo que *não* realizo".

Ao fazer esse exercício mental, seus olhos se abrem para o fato de que você não é um fracasso – você é humana. Está lidando com dezenas de responsabilidades, sofrendo de um sério déficit de receptores dos neurônios-espelho graças a seus filhos (especialmente se eles forem adolescentes!), e está se comprometendo porque é uma pessoa carinhosa e prestativa. Por isso, dê um tempo a si mesma. Na verdade, dê a si mesma o crédito pelas três mil coisas que está fazendo *certo*.

Seu rápido – mas poderoso – Choque de Empatia irá eliminar a culpa que a impede de olhar claramente seus objetivos. Você se lembra de como eu falei no Capítulo 4 sobre reconectar seu cérebro para ver as pessoas de uma nova maneira? O mesmo se aplica a seus objetivos: às vezes, nós os escolhemos por motivos equivocados (por exemplo, "Meu pai ficará decepcionado comigo se seu não me tornar médico" ou "Todos na minha família têm doutorado") e nunca os reexaminamos. Outras vezes, nossa vida evolui enquanto nossas metas permanecem as mesmas, e precisamos sintonizar as duas.

Ao analisar seus objetivos, evite cair na armadilha da expectativa – que é a ideia de que "Isso tem que acontecer (ou não pode acontecer) para que eu seja feliz ou bem-sucedida". Por exemplo, você se martiriza por ainda não ter feito seu MBA – mas você *precisa* ter essa formação neste exato momento para ser bem-sucedida ou feliz? Ou poderia seguir um caminho diferente, como obter sua graduação on-line nos próximos anos – e se sentir igualmente realizada?

E não confunda "razoável" com "realista". Razoável significa "fazer sentido". Realista, por outro lado, significa "ser provável que aconteça". Por exemplo, pode ser razoável decidir no primeiro dia do ano que você vai se matricular para suas aulas de MBA, nunca mais vai gritar com seus filhos e começará a correr maratonas – mas isso provavelmente não é realista. Em geral, faz mais sentido escolher um objetivo que possa ser alcançado e concentrar-se nele.

Ao estar com essa meta definida, use a seguinte abordagem para realizá-la:

- **Defina metas específicas.** Eu costumo dizer aos clientes para redigirem um plano passo a passo. Assim como determinar pontos de referência em um GPS antes de uma viagem, isso vai ajudar a visualizar o caminho que precisa ser seguido.

- **Tome nota de seu objetivo.** Descreva exatamente o que precisa *começar* a fazer e o que precisa *parar* de fazer para ser bem-sucedida. Colocar suas palavras no papel fortalece seu compromisso de atingir seu objetivo.

- **Conte a alguém sobre seu objetivo.** Ligue para alguém que respeita, explique a mudança que deseja fazer em sua vida e peça a essa pessoa que lhe telefone ou mande um e-mail a cada duas semanas para verificar como está se saindo. Seu desejo de continuar a ter o respeito dela será um poderoso motivador para manter seu compromisso. Se fizer isso, lembre-se de dar a seu colaborador um Poderoso Obrigada por ajudá-la e encontre também uma forma de retribuir o favor.

- **Evite que pessoas tóxicas interrompam seu progresso.** Revise o Capítulo 11 e identifique qualquer pessoa problemática que possa enfraquecer sua decisão e confiança. Se possível, evite-a enquanto trabalha para conquistar seu objetivo.
- **Dê tempo ao tempo.** Se você estiver rompendo hábitos improdutivos ou criando bons hábitos, lembre-se desta regra: demora cerca de três a quatro semanas para um comportamento novo se tornar um hábito, e são cerca de seis meses para que ele se torne parte de sua natureza. Seja paciente consigo mesma.

Se quiser acabar com maus hábitos, você também pode usar a Ferramenta Nunca Mais, descrita no Capítulo 21. Por exemplo, se você acabou de ter outra discussão com sua filha por causa de afazeres pendentes, veja o que a Ferramenta Nunca Mais pode dizer:

1. Se eu tivesse que fazer isso outra vez, o que faria de forma diferente seria:

Em vez de gritar com Jamie por não fazer suas tarefas, eu experimentaria o Choque de Empatia, perguntando a ela: "Se o Spot pudesse falar, o que você acha que ele diria quando estivesse com muita fome e realmente esperando pela comida, e você saísse de casa sem alimentá-lo?" ou "O que acha que seu pai diria se eu perguntasse a ele como se sente quando chega em casa exausto e não pode descansar porque você esqueceu de lavar a louça e ele tem que fazer esse trabalho no seu lugar, quando o que realmente precisa é relaxar por alguns minutos?". (Isso não é uma tentativa de provocar culpa, é um treinamento de empatia.)

Se isso não funcionar, eu poderia experimentar o Jogo Reverso. Por exemplo, dizer a Jamie: "Sei que estou sempre reclamando sobre seus afazeres, suas tarefas de casa ou suas roupas, mas sei que nem sempre realizo um bom trabalho como mãe, então, em vez de apresentar uma lista com minhas reclamações, quero me desculpar pelos momentos em que estraguei tudo. Algumas coisas que acho que a incomodam a meu respeito são...". Se usar essa abordagem, eu posso criar empatia suficiente para fazer com que Jamie queira fazer mais por mim como retribuição.

2. Eu faria as coisas de forma diferente porque:
Gritar com Jamie não funciona. Só faz com que ela também comece a gritar e, em vez de resolver o problema, deixo todos infelizes em casa.

3. Em uma escala de 1 a 10, meu compromisso de fazer isso na próxima vez é: 10.

4. Uma ótima pessoa para me cobrar essa ação seria:
Doug, porque ele fica tão frustrado quanto eu quando Jamie não faz as tarefas e porque odeia chegar em casa depois do trabalho e encontrar todos zangados e estressados; por isso, resolver esse problema é igualmente importante para ele.

Como mencionei no Capítulo 1, todos nós somos únicos, por isso tente diversas abordagens para se fazer compreender. Por exemplo, experimente a Questão da Impossibilidade. Diga a si mesma: "Concordo que isso seja impossível. E o que tornaria isso possível?" Quando encontrar uma resposta, corra na direção dela.

Acima de tudo, ao enfrentar seus objetivos e trabalhar para construir hábitos mais eficazes, evite um segundo tipo de armadilha de expectativas. Se *contar com* algo e isso não acontecer, você ficará arrasada. Se *esperar* algo e não acontecer, você terá um sentimento de fracasso ou perda. Mas se tiver *esperança* de que algo aconteça e trabalhar para isso, ao mesmo tempo que aceita que pode não funcionar (ou que pode levar mais tempo do que pensou que levaria), você vai apreciar suas vitórias e encarar os contratempos por um ângulo que a manterá no caminho de seus objetivos.

A Pausa em Seis Passos

Muitas vezes, descarrilhamos dos trilhos de nossas metas por causa do nosso comportamento impulsivo. Eis um pequeno truque, parecido com o treino de "Oh, p#@% para o OK", do Capítulo 2, que pode ajudá-la a evitar dar um passo em falso, impedindo-a de alcançar seus objetivos pessoais ou profissionais. Eu o chamo de Pausa em Seis Passos, que leva você de seu cérebro de cobra ou rato para o cérebro humano. Veja a seguir como funciona.

Quando sentir que está começando a se desencaminhar – por exemplo, se está pronta para explodir com um colega de trabalho cujo apoio está tentando conquistar, ou se está no sexto dia de sua tentativa de parar de fumar e pensa em correr para comprar cigarros –, siga estes seis passos:

1. **Pratique conscientização física.** Identifique sensações como tensão, coração acelerado, ânsia ou tontura. Identifique-as e dê a elas um nome. Isso irá ajudá-lo a manter o controle.
2. **Pratique conscientização emocional.** Ligue uma emoção aos sentimentos que tem. Por exemplo, diga a si mesma: "Estou muito zangada" ou "Estou desesperada". Identificar seu sentimento irá ajudar a prevenir o sequestro da amígdala a respeito do qual falei no Capítulo 2.
3. **Pratique a conscientização do impulso.** Diga a si mesma: "Esse sentimento está me fazendo querer _____". Estar ciente de seus impulsos irá ajudá-lo a resistir a eles.
4. **Pratique a conscientização das consequências.** Responda a esta pergunta: "Se eu continuar com esse desejo, o que provavelmente acontecerá?".
5. **Pratique a conscientização das soluções.** Complete esta frase: "O melhor a fazer seria...".
6. **Pratique a conscientização dos benefícios.** Diga a si mesma: "Se eu fizer isso melhor, os benefícios serão...".

Ao concluir essas seis etapas, você saberá o que precisa ser feito para manter o curso e evitar um colapso potencialmente desastroso – e estará calma o bastante para ouvir seus próprios conselhos.

Essa também é uma ferramenta fantástica para explicar a seus filhos sobre os transtornos que provocam. Adquirindo o hábito de utilizá-la ainda jovens, ela passará a fazer parte de suas personalidades. Isso os ajudará a permanecerem calmos e controlados em situações de pressão quando forem mais velhos.

INFORMAÇÃO ÚTIL
Em momentos difíceis, diga a si mesma aquilo que as pessoas que se importam com você diriam e acredite no que ouvir. Caso contrário, você estará desonrando o amor que elas sentem por você.

ETAPA DE AÇÃO
Aqui está algo divertido para experimentar se você for do tipo que tem dificuldade em reconhecer seus próprios pontos fortes: deixe que outra pessoa faça isso por você. Quando estiver conversando com alguém que a admira, pergunte o seguinte: "Então, o que exatamente você admira em mim?". Quando ele responder, reflita sobre suas palavras e saboreie-as. Então, depois de um tempo, responda: "Nossa! Obrigada. Há mais alguma coisa que você admira em mim?" Quanto mais fundo você for, mais vitalidade (e gratidão) você sentirá, e mais cheia de energia estará quando voltar a encarar seus objetivos.

30. SEIS GRAUS DE SEPARAÇÃO

"Para ter sucesso em sua carreira, a importância do que você sabe ou mesmo de quem você conhece é menor do que quem realmente o conhece e como eles o conhecem."
– Ivan Misner, especialista em networking, fundador do BNI

> *Cenário:* Eu trabalho com marketing e adoraria atrair grandes clientes para nossa empresa, porque acho que esse é o caminho mais rápido para uma promoção. No entanto, não tenho ideia de como fazer contato com os ricos e famosos. Será que é possível para um "ninguém" como eu atravessar as camadas de funcionários que cercam as pessoas poderosas atualmente?

Se trabalha com desenvolvimento de clientes, vendas ou marketing, você tem uma tarefa difícil: fazer com que completos desconhecidos ouçam você. Isso é ainda mais árduo se você precisa acessar poderosos que sejam ferozmente protegidos por dezenas de guardiões.

Temas como telemarketing e outras técnicas para acessar estranhos merecem um livro inteiro – e, sim, estou trabalhando nisso agora! Contudo, enquanto isso, veja alguns truques que podem movê-lo rapidamente de seis graus de separação para zero.

Crie situações peculiares

Primeiramente, use a abordagem que empreguei para me apresentar a Tom Stemberg, da Stamples (veja no Capítulo 6). Pessoas influentes muitas vezes participam de seminários e painéis de discussão, e normalmente reservam um período para perguntas da plateia no final de suas palestras – então, participe desses encontros e faça as perguntas certas. Quando for a sua vez, lembre-se de que sua tarefa é fazer com que seus alvos soem interessantes e elaborar perguntas que eles queiram responder. Seu objetivo é fazer com que eles apareçam de forma positiva, criando assim uma empatia com os neurônios-espelho deles e encorajando-os a retribuir – por isso, não perca uma chance tentando se exibir.

Para aumentar suas chances de sucesso, participe de eventos beneficentes, noites de autógrafos ou outras situações em que tenha a oportunidade de ficar frente a frente com um VIP. Se for criativo, você sempre poderá encontrar uma maneira para que ele "se sinta visto" – mesmo em um evento público – e, se conseguir isso, irá criar um vínculo instantâneo.

Certa vez, por exemplo, fui o orador principal da conferência anual da Association of Corporate Growth [Associação de Crescimento Corporativo], em Beverly Hills, na Califórnia. Na noite anterior à conferência, os palestrantes tiveram a chance de se conhecer em uma festa realizada no hotel. O mais bem-sucedido era Mike Heisley, o bilionário de Chicago e dono do Memphis Grizzlies da NBA, um homem responsável por reerguer muitas empresas. Todos claramente queriam sua atenção e formaram uma longa fila para cumprimentá-lo. Ao encontrá-lo, perguntei: "O que você aprendeu sobre sucesso com seu pai?".

Mike fez uma pausa, parou de falar com as outras pessoas (para o desgosto delas) e, espontaneamente, puxou duas cadeiras e me convidou a sentar. Então, ele começou a me contar como o pai o havia ensinado a fazer acordos baseados no que fosse melhor para todos os envolvidos, e não apenas para si mesmo. Ele me disse: "Meu pai tinha tanta certeza de que eu seria bem-sucedido sem tirar vantagem de ninguém, que eu quis honrar sua confiança em mim. Ele me fez querer ser um homem melhor, e gosto de acreditar que consegui".

Ao perceber que os líderes muitas vezes aprendem lições valiosas sobre como se comportar (ou como não se comportar) de seus pais, eu concedi a Mike a oportunidade de sentir mais uma vez a gratidão que tinha por seu pai. Aquele sentimento caloroso o fez se abrir para me ouvir depois da conferência.

Faça aliados virtuais

Reuniões, contudo, não são os únicos fóruns que possibilitam zerar seus "graus de separação" de sua meta. Graças à internet, é possível acessar gente famosa ou influente on-line – especialmente se você se lembrar da regra principal de que as pessoas querem se sentir vistas.

Uma forma de fazer isso me ocorreu depois que meu primeiro livro, *Get Out of Your Own Way* [Saia do seu próprio caminho], foi publicado. Naquela época, descobri que escrever um livro é como ter um bebê: você espera que ele seja inteligente, atraente e bem aceito, mas nunca se sabe. Notei também uma tendência de ler os comentários sobre o meu livro – talvez com uma frequência excessiva – para verificar o que o mundo estava dizendo a meu respeito. E, além disso, acessar postagens de blogs e grupos de discussão que falavam sobre minha criação. Eu descobri, em primeira mão, as mágoas que um ocasional comentário negativo, ou mesmo mesquinho, pode provocar. Por outro lado, quando alguém realmente compreendia o que eu queria dizer, era muito animador.

Pouco tempo depois de ter tomado conhecimento desses sentimentos narcisistas, mas muito naturais, um amigo me enviou um exemplar do livro *The Confidence Course* [O curso da confiança], do CEO da revista *Parade*, Walter Anderson. Meu amigo disse que eu iria gostar do livro, assim como do autor. E ele estava certo. Aliás, entrei no Amazon.com e percebi que ninguém havia escrito um comentário a respeito de seu excelente livro.

Então, escrevi o primeiro – não apenas uma nota rápida dizendo "adorei, recomendo", mas algo em que investi tempo e reflexão. Soube pelo livro que Walter não tivera um relacionamento tão íntimo com o pai como gostaria. Aquilo me fez lembrar de minha própria experiência com meu pai, e eu disse a ele que admirava suas demonstrações de carinho paternal com seus leitores, mesmo nunca tendo recebido esse carinho. Minhas palavras saíram do fundo do meu coração e tocaram profundamente o dele. Como resultado, Walter e eu agora temos um relacionamento.

Praticamente todas as pessoas – não importa o quanto sejam influentes – navegam na internet, e não há guardiões entre você e elas on-line. Sei que é difícil imaginar celebridades glamorosas ou líderes empresariais incrivelmente poderosos sentados de pijama diante do computador, digitando seus próprios nomes no Google, mas acredite: eles fazem isso.

Toque os guardiões

Se você faz telemarketing, é claro que não vai conseguir acessar um VIP facilmente, porque encontrará a barreira de seus "guardiões". Por isso, é fundamental estabelecer um relacionamento com a pessoa cujo trabalho é bloquear seu caminho. Torne-a uma aliada, em vez de inimiga, e será possível alcançar o VIP a qualquer momento que desejar.

Para fazer isso, reconheça que:

- O guardião é crucial para o sucesso do VIP e merece reconhecimento.
- Ele é provavelmente tão interessante quanto a celebridade para quem trabalha e irá apreciar que você reconheça isso.
- Além disso, ele provavelmente sofre de um grave déficit de receptores dos neurônios-espelho, pois o dia inteiro recebe críticas de pessoas descontentes apenas por estar realizando corretamente o trabalho de proteger seu chefe (que, por sua vez, pode não ser muito agradecido por isso).

Armado com esses fatos, você está pronto para ganhar sua entrada na fortaleza de muitos VIPs. Tomemos, por exemplo, uma chamada profissional que fiz à assistente de um dos mais poderosos CEOs dos Estados Unidos. (Por motivos óbvios, mudei os nomes e outras informações de identificação.)

"Olá, é a Joanne?", perguntei ao ser atendido.

"Como?", respondeu ela.

"É Joanne Nelson?", continuei.

"Quem é?", perguntou ela.

"É a famosa Joanne Nelson a respeito da qual Ted Burke escreveu e agradeceu em seu livro, *Leader of the Pack?* [Líder da matilha]", insisti.

"Sim, e QUEM é você?", respondeu ela, meio irritada e meio divertida.

"Aqui é o Dr. Mark Goulston. Sou psiquiatra, autor, escritor e...", comecei, e Joanne me interrompeu.

"Cara! Precisamos de alguém como você aqui!", desabafou ela.

"Relaxe, Joanne. Tudo vai ficar bem. Respire fundo", respondi com minha voz de médico.

"Relaxe *você*! Experimente lidar com uma pessoa louca a semana inteira", continuou ela, agora com a corda toda.

"Joanne, vai ficar tudo bem. Você tem que lidar com apenas uma. Eu lido com uma diferente por hora. Espero que você ainda tenha uma vida pessoal". (Fiz esse comentário porque sei que a maioria das assistentes pessoais de CEOs poderosos tem pouco ou nenhum tempo para sua própria vida.)

"Que vida pessoal? Não tenho tempo nem para ter um cachorro de verdade. Tenho um cocker spaniel de cerâmica que fica ao lado da porta", continuou ela.

"Bem, sei que eles são ótimos com crianças", continuei a piada.

"Quer saber o nome dele?", respondeu ela, sem perder o ritmo.

"Claro", falei.

"Seu nome é Senta", respondeu ela, e ambos rimos.

Prossegui com a conversa, explicando que havia escrito um artigo que achei que o chefe dela iria gostar e que seu editor havia me dado aquele número. Depois que desligamos, escrevi a seguinte carta a Ted, à qual anexei meu artigo, sabendo muito bem que Joanne a leria.

> *Caro Sr. Burke,*
> *Uma das primeiras coisas que farei quando ficar rico é contratar alguém como sua assistente, Joanne, para me proteger de pessoas como eu. Ela foi muito prestativa, divertida e ainda assim o protegeu como um pit bull.*
> *Espero que ela saiba o quanto é valiosa para você e espero também que não cometa o erro que eu às vezes cometo, de deixar de apreciar aquelas pessoas que tornam minha vida possível, porque tenho que lidar com aquelas que a tornam impossível. Mas, a respeito disso, você deve saber melhor do que ninguém.*
> *Etc.*

Liguei quatro dias depois para verificar se minha carta havia chegado, e disse, "Olá, Joanne, aqui é o Dr. Goulston novamente. Não sei se você se lembra de mim, falamos alguns dias atrás".

"Eu me lembro de *você*", respondeu Joanne de forma carinhosa e brincalhona.

"Estava me perguntando se Ted recebeu minha correspondência", continuei.

"Sim, Dr. Mark, nós a recebemos e eu a enviei para o local onde ele está passando suas férias, quer dizer, exceto a carta", respondeu ela.

Sentindo-me um pouco tenso, perguntei, "Como?".

"Sim, eu mesma *li a carta para ele* pelo telefone!", disse ela, triunfante.

Como resultado de minha chamada e da carta, Joanne e eu nos tornamos bons amigos e, se quero me comunicar com Ted, ela fica feliz em facilitar isso.

Então, aqui você viu várias técnicas excelentes para impactar pessoas que você acreditava serem inacessíveis. Todos esses métodos são simples (se você for corajoso o bastante). E todos contam com três dicas básicas: faça com que as pessoas se sintam interessantes, faça com que se sintam importantes e, acima de tudo, faça com que "se sintam vistas".

Por que elas funcionam? Porque sob o glamour, o dinheiro e o poder, os VIPs e suas equipes – assim como todos nós – são apenas pessoas. E você pode impactar quase *qualquer* pessoa, desde que esteja disposto a tentar.

> **INFORMAÇÃO ÚTIL**
> Dentro da maioria dos VIPs que têm medo de serem "atropelados", está alguém que deseja ser impactado, mas da maneira certa.

> **ETAPA DE AÇÃO**
> Que pessoa você mais admira e mais deseja conhecer? Procure na internet locais em que ela esteja realizando palestras e veja se pode conseguir um convite. Ou, se ela tiver algum livro publicado, use a livraria virtual, a editora ou outro site em que possa deixar um comentário e escreva um "comentário poderoso" a respeito da obra. Se você tem um blog, use-o para postar suas impressões sobre como ela mudou sua filosofia de vida. Além disso, redes sociais e de negócios como o Facebook, LinkedIn e Twitter para fazer comentários positivos.

POSFÁCIO

Um dos segredos para acessar pessoas é ser acessível, e sempre fico encantado quando meus leitores me procuram. Caso esteja colocando em prática as técnicas deste livro, eu adoraria saber como elas funcionam para você. Além disso, você pode encontrar mais ferramentas e ideias de comunicação em www.markgoulston.com.

E mais uma coisa antes que eu vá: Obrigado! Como você agora já sabe, gosto muito de dar um Poderoso Obrigado a qualquer pessoa que torne minha vida melhor. Ao apostar na leitura deste livro e ter a coragem de mudar sua vida usando as informações que aprendeu, você me deu a maior recompensa que um psiquiatra pode receber: a sensação de que fiz uma diferença positiva em sua vida. Espero que considere seu novo conhecimento tão importante e benéfico como tem sido para mim, e desejo a você muito sucesso no trabalho, em casa… e em todo lugar.

SOBRE O AUTOR

Mark Goulston, psiquiatra, atua no mundo corporativo e, desde o início de sua carreira, intervém em situações com indivíduos violentos e suicidas. Eventualmente, isso o levou ao treinamento de negociadores de crises para a polícia e para o FBI e, a partir dessa experiência, ele desenvolveu uma incrível capacidade de se fazer compreender por praticamente qualquer pessoa, e os métodos que utiliza formam a base do *Apenas Ouça*. Além disso, como médico, costumava fazer visitas domiciliares a pacientes terminais e suas famílias, durante as quais os ajudava a resolver contendas nos últimos momentos. Em razão disso, os membros das famílias o chamavam para solucionar problemas nas empresas e foi assim que o Dr. Goulston passou a atuar no mundo dos negócios.

Nos últimos 25 anos, o Dr. Goulston trabalhou com várias empresas, desde as de médio porte até as que figuram no Fortune 1000, na área de direito em escritórios renomados, ensinando a eles a habilidade de ouvir para acessar e derrubar silos, interna e externamente. O resultado desse rompimento interno é mais transparência, mais liberdade no fluxo de informações e organizações de maior agilidade e resiliência. Externamente, enfrentar clientes, conselhos de administração e acionistas de empresas permite que as organizações encurtem seu ciclo de vendas, informem seus valores e proposições de valor de forma efetiva e consistente, por fim, que tenham sucesso no mercado.

A visão única do Dr. Goulston sobre os desafios interpessoais e de comunicação, associada aos seus mais de 30 anos como psiquiatra clínico, permitiu que indivíduos, equipes e organizações atingissem todo o seu potencial.

Em sua lista de clientes estão incluídos: Goldman Sachs, IBM, Federal Express, Xerox, Accenture, Deutsche Bank, Bloomberg, Kodak,

Merrill Lynch, Wells Fargo, Bank of America, a Procuradoria Pública e o Departamento de Polícia de Los Angeles e o FBI.

O Dr. Goulston atuou como professor no famoso Instituto Neuropsiquiátrico da UCLA por mais de 25 anos e já foi escolhido, por mais de uma vez, um dos principais psiquiatras norte-americanos pelo Consumers' Research Council of America [Conselho de Pesquisa dos Consumidores da América], sediado em Washington, DC. Ele é autor de best-sellers, entre os quais estão *Get Out of Your Own Way* [Saia do seu próprio caminho], com coautoria de *Philip Goldberg*, e *Pare de se sabotar no trabalho*. Mark escreve a coluna "Solve Anything with Dr. Mark [Resolva qualquer coisa com o Dr. Mark]" do *Tribune*, e é colaborador do *Harvard Business Review*, do *The Huffington Post* e do *Fast Company*. Ele é frequentemente convidado para compartilhar seus conhecimentos em veículos importantes, como os jornais e revistas *The Wall Street Journal*, *Fortune*, *Newsweek* e *Time*; as redes de TV americanas Reuters, NPR, CNN e Fox News; e os programas de TV *Oprah* e *Today*.

Para mais informações, entre em contato com Mark Goulston:
Sites: http://markgoulston.com • http://justlistenthebook.com
E-mail: info@markgoulston.com

grupo novo século

Compartilhando propósitos e conectando pessoas
Visite nosso site e fique por dentro dos nossos lançamentos:
www.gruponovoseculo.com.br

figurati

gruponovoseculo
.com.br

Edição: 1
Fontes: Adobe Caslon | DIN Next